超明解！合格NAVIシリーズ

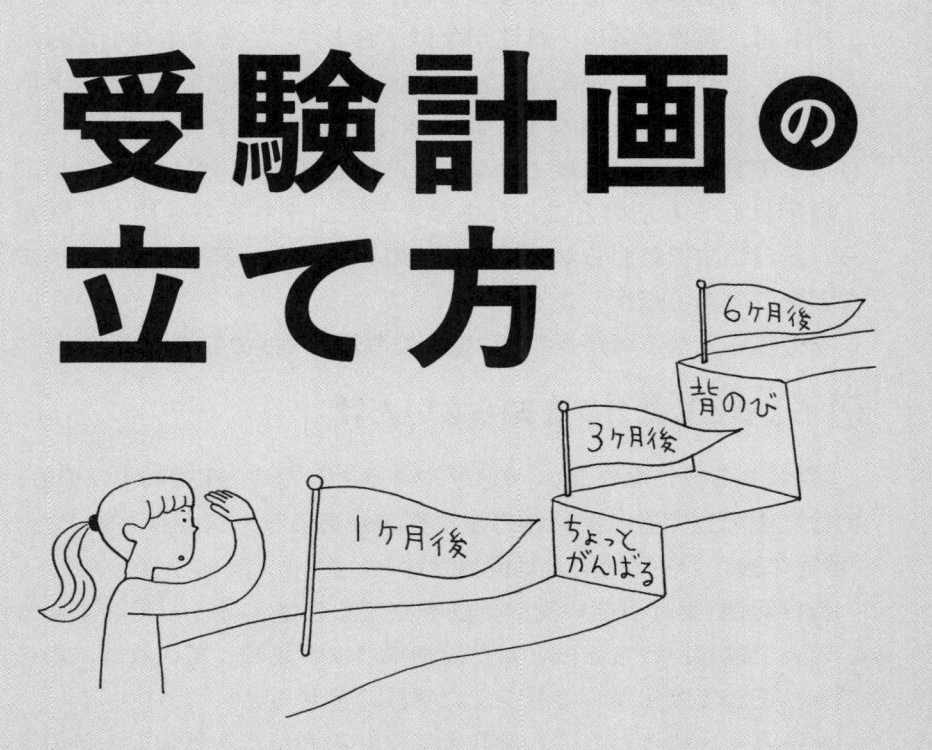

和田秀樹
受験技術研究家・精神科医

受験計画の立て方

1ヶ月後　3ヶ月後　ちょっとがんばる　6ヶ月後　背のび

ブックマン社

まえがき

縦横無尽の受験計画で、志望校合格を勝ち取ろう!

☑ 勉強が長続きしないキミへ

　毎日勉強しなければいけないとわかっていても続かない。

　それは、意思が弱い、根性がない、おまけにやる気もないからだろうか。いやいや、そんなことはない。その証拠に、定期テスト前には、キミたちはそれなりに頑張って勉強をする。それを見ると、けっして意思が弱いわけではないし、やる気がないわけでもない。

　原因はもっと別のところにありそうだ。それを解き明かしながら、三日坊主で終わらない受験勉強のノウハウ、アイデア、ツールなどをこの本で伝授しよう。

　その核心となるのが「キミに適した受験計画」の立て方である。

☑ ちょっとしたコツを知らないだけ

　「勉強する気になれない」のも「やろうとしたけど続かない」のも、実は計画の立て方、実行の方法に問題があるケースがほとんどだ。"意思の強さ"や"根性"とは関係がない。

　持続可能・実行可能な受験計画を立てるのは、けっしてむずかしいことではない。ちょっとした原則やコツさえ知っていれば、誰にでも、そして今日からでもすぐに実践に移せる。

　おそらく、そういうことを教えてくれる人が、これまでキミのまわりにいなかったのだろう。だが、もう大丈夫。受験計画に関するキミの疑問や悩み、不安はこの本がすべて解消する。

　まずは、「これなら自分にもできそう」と思ったノウハウから順に試してみよう。明日からと言わず、さっそく今日から。

☑ 勉強している割に伸びないキミへ

　とりあえず自分で計画を立てて勉強しているのに、いまひとつ成績がパッとしない。そんな人にもこの本が力強い味方になる。

　勉強しているのに伸びないのには原因がある。多くの場合は勉強のやり方に問題があるからだが、それも含めてもっと大きな観点、つまり受験計画の骨組みや運用法に目を向けてみよう。

　たとえば、勉強量ではなく勉強時間で計画を立てていないか。復習時間をどれくらい計画の中に組み込んでいるか。計画を早く進めたいために、参考書の使用期間を短く設定しすぎていないか……。

　この本ではこうした面にもスポットを当て、確実に結果を出す計画作成・計画運用のノウハウをふんだんに盛り込んでいる。吸収できるものはどんどん取り込んでほしい。

☑ キミだけのオリジナル計画表を!

　受験計画の最終目標は、志望校に受かることにある。ただ、その内容は1人ひとりで異なる。早い話、自分に一番合った計画を立てられれば、それが合格への最短コースを示す戦術書となる。

　この本の最終目的も、まさにそれ。キミだけの受験計画をキミ自身に立ててもらうことにある。他人のマネではない、自分の能力を最大限に活かす、縦横無尽のオリジナル受験計画表。これこそが志望校突破の最大の武器、切り札だ。

　そのために、私が代表を務める緑鐵受験指導ゼミナールで長年培ってきた計画作成のノウハウを、この本に惜しみなく投入した。それでキミが夢を叶えてくれれば、これ以上の喜びはない。

　最後に、本書を執筆するにあたり、有益な助言をいただいた緑鐵受験指導ゼミナールの東大生講師には、この場をお借りして感謝の念を捧げたい。

　　　　　　　　　　　　　　　　　　　　　　　和田秀樹

CONTENTS

CHAPTER 1 | 苦痛にならない! 計画作成のコツ
"小さな達成感"を味わいながら進もう!

CHAPTER 1 のはじめに	面倒な勉強をサクっと片づけるノルマ消化計画	010
TACTICS 01	夜寝る前に「明日やるべきこと」を書き出しておこう!	012
TACTICS 02	"天敵"は後回し、簡単なノルマから順番に片づけていこう!	014
ズバッと解決!	受験計画 FAQ① ノルマ設定編	016
TACTICS 03	「スタート1分前」、スマホのカウントダウンで動き出しを速く!	018
TACTICS 04	ノルマを1つずつ消す快感を計画遂行の推進力に!	020
TACTICS 05	今日やったことを記録する習慣をつけて自分と向き合おう!	022
ズバッと解決!	受験計画 FAQ② 計画ツール編	024
TACTICS 06	「やり残したこと」は翌日の最優先ノルマに指定、速攻で潰す!	026
計画アプリ 1	「和田式・簡単付せん計画表」	028
TACTICS 07	勉強を苦痛に感じさせない受験計画、3つの原則	032
TACTICS 08	いざ実地体験!「お試し3日間計画」に取り組んでみよう	034
計画アプリ 2	「和田式・お試し3日間計画表」	036

CHAPTER 2 | 途中でくじけない！計画作成のツボ
「ムリ・ムダ・ムラ」を追放しよう！

CHAPTER 2 のはじめに	時間感覚を身につけて持続可能な計画を立てる！	042
TACTICS 09	今から入試日まで「残されている時間」を週単位で把握する！	044
TACTICS 10	「十分やれそう」と思える目標を段階的に設定する！	046
ズバッと解決！	受験計画 FAQ③ 目標設定編	050
TACTICS 11	「1週間＝5日間」と考えて月間ノルマの量を見積もってみる	052
TACTICS 12	月間ノルマを書き出して絞り込み、メインとサブに仕分け	054
TACTICS 13	その月の忙しさを予測して週間ノルマの量を調整する	056
TACTICS 14	月の頭と最後にくる「半端な数日間」は予備日にあてる	058
計画アプリ ③	「和田式・月間計画表」	060
TACTICS 15	月間ノルマを週間スケジュールに落とし込む	064
計画アプリ ④	「和田式・週間計画表」	066
TACTICS 16	週間計画表はまとめて作成せず1週間ごとに更新！	068
TACTICS 17	達成率よりも定着率を重視して柔軟に対応！	070
TACTICS 18	反省と修正を何度も繰り返して自分に最適な計画を！	072

CHAPTER 3 | 勉強効率を高める！計画作成のテクニック
"ダラダラ勉強"から抜け出そう！

CHAPTER 3 のはじめに	"勉強密度"を上げる工夫を日々の計画に盛り込もう！	076
TACTICS 19	睡眠時間を過不足なく確保して1日の計画を！	078
TACTICS 20	遊ぶ予定日を先に押さえてから計画を練る	080
TACTICS 21	見たいテレビは1日のノルマを終えてからゆったり録画鑑賞！	082
TACTICS 22	"やっつけ"ですませる学校の宿題は最後に取り組む	084
ズバッと解決！	受験計画 FAQ④ 学校の勉強編	086
TACTICS 23	勉強以外のルーチンを先に片づけて身軽になっておく	088
TACTICS 24	休みの日は午前中にノルマを片づけてからダラダラする	090
TACTICS 25	「1コマ90分」を勉強時間の基本単位に1日計画を考える	092
TACTICS 26	細かい日課表は不要、その場で柔軟に対応する能力を身につけよう！	094
TACTICS 27	集中力を高め効率よく勉強をこなすルーチンの工夫	096
ズバッと解決！	受験計画 FAQ⑤ 1日計画編	098
TACTICS 28	残りの範囲の状況をチェックしてから日々の勉強を進める	100
TACTICS 29	調子のいい日はその場で予定を変更してノルマを先取り	102
TACTICS 30	飛ばした課題は週間計画表に目立つ印をつけておく	104
TACTICS 31	軌道に乗って余裕が出てきたら週間ノルマを1割増し	106

CHAPTER 4 確実に結果を出す！計画作成のセオリー

「残す勉強」をしっかり実践しよう！

CHAPTER 4 のはじめに	やったことを確実に残す和田式・受験計画の真髄！	110
TACTICS 32	就寝前の10分、翌朝寝起きの15分を復習枠に設定！	112
TACTICS 33	1冊の参考書を3周させる予定で計画を立てる	114
TACTICS 34	進む範囲を広く取って何回も往復する"重ね塗り"消化プラン	116
ズバッと解決！	受験計画 FAQ⑥ 復習のやり方編	118
TACTICS 35	自分に合った勉強法フローチャートで"雑な勉強"を防止！	120
計画アプリ ⑤	「和田式・勉強法フローチャート」	122
TACTICS 36	月間復習日はアウトプット主体のテスト形式で！	124
TACTICS 37	模試を申し込んだら当日と翌日を徹底復習日に指定！	126
TACTICS 38	答案返却日を見越して"再試"の予定を入れる	128
TACTICS 39	模試で見つかった課題に優先順位をつけて計画修正に反映！	130
TACTICS 40	科目別の目標点を先に定めてから定期テスト対策に入る	132
TACTICS 41	試験後の1週間はテスト復習を組み込んで計画を調整する	134
ズバッと解決！	受験計画 FAQ⑦ 予備校編	136
TACTICS 42	夏休みには"夏期限定テーマ"を1つだけ組み込む	138
TACTICS 43	勉強時間帯を午前・夕方・夜に3分割する	140
TACTICS 44	お盆休みを過去問研究に利用して戦意を高める！	142
TACTICS 45	直前期は計画作成の時間を勉強に回せ！	144

CHAPTER 5 志望校を突破する！計画作成のノウハウ

偏差値ハンデを戦術で解消しよう！

CHAPTER 5 のはじめに	志望校に照準を合わせた逆転の受験計画をキミの手で！	148
TACTICS 46	受験計画のコマ割フレームを下書きする	150
TACTICS 47	月コマ数の合計を配点比率に応じて科目別に分配！	152
TACTICS 48	現時点の実力と志望校の入試問題のレベルギャップを把握！	154
ズバッと解決！	受験計画 FAQ⑧ 初期レベル編	156
TACTICS 49	レベルギャップを埋めるための参考書を選択・配列する	158
TACTICS 50	時間と量の折り合いをつけて計画フレームを最終確定！	160
TACTICS 51	最終確定した「参考書コマ割表」を計画表に落とし込む	162
計画アプリ ⑥	「和田式・志望校突破プラン」	164
TACTICS 52	完成した計画表を教師や先輩にチェックしてもらおう！	166
TACTICS 53	計画作成に時間がかかりすぎるなら1か月計画を軸に！	168
ズバッと解決！	受験計画 FAQ⑨ 参考書選択編	170
TACTICS 54	入試傾向に照準を合わせてムダのない参考書プランを構築！	172
TACTICS 55	やるべきことをギリギリまで絞り込んで時間不足を解消！	176

巻末付録　和田式・受験計画アプリ　181

CHAPTER 1

苦痛にならない！
計画作成のコツ

"小さな達成感"を味わいながら進もう!

CHAPTER 1 の はじめに
面倒な勉強をサクっと片づける ノルマ消化計画

☑ 計画は、立てるより実行がむずかしい！

　多くの人にとって、勉強は「できればやりたくない」ものかもしれない。面倒だし、かったるいし、時間はかかるし、やっていて面白いと思わないし。

　それでも、「勉強しなくちゃダメだ」ということは、みんなよくわかっている。「あーあ、今日も全然勉強しなかった。明日から心を入れ替えて頑張ろう」と反省するのがその証拠だ。

　勉強計画、受験計画を立てるのは、そんな自分にやる気を吹き込むのが目的でもある。ダラダラした生活を続ける中、あるとき、突然「そうだ、計画を作ろう！」と思い立つ。

　計画を練っているときは、なんだかちょっと楽しい。できるようになった自分、成績が上がった自分を思い描いて、気持ちが盛り上がる。完成した計画表を眺めながら、「よし、これでバッチリ。明日からやってやる！」と決意を新たにする。

　そして翌日。やる気がみなぎっているので、自分でも驚くほど勉強に身が入る。「この調子で一気に成績アップだ」と、夢が大きくふくらんでくる……。

　しかし、残念ながらこれが1週間と続かない。早ければ3日目には、もとのダラダラした生活に逆戻り。そんなことを繰り返してきた人も少なくないだろう。

　なぜ続かないのか、どうして最初の計画通りにいかないのか。CHAPTER1では、その答えと対処法を示す。キミが怠け者だからではない。早い話が、**"勉強慣れ"** していないだけなのだ。

☑ "大人の仕事術"から学ぼう!

　キミたちにとっての勉強と同じで、多くの社会人にとって、仕事の大部分は「できればやりたくない」ものに近い。華やかに見える楽しそうな仕事も、その9割は地味でつまらない、面倒な事務作業などの"雑務"に追われる。

　たとえば、私はこれまでに3本の映画を世に出してきた。駆け出しの映画監督なので、予算取りから制作費の計算、各種申請書類の提出など、事務仕事も全部自分でやらなければならない。

　映画の場合、公開日を締め切りとして、複雑極まりないスケジュールを組み立て、1つひとつ着実に潰していく。何かに似ていると思ったら、そう、これはまさしく受験計画だ。

　「目標を立てて、締め切り日までにクリアする」。そのために計画を作成する。しかし、いくら立派な計画でも、それを遂行できなければ"絵に描いた餅"でしかない。

　社会人には、計画作成能力はもちろんだが、着実に計画を遂行する能力が求められる。その日にやるべき仕事がいくら多くても、終業時間までに段取りよく片づける。残業したくないから、さまざまな工夫を施し、目の前に積み上げられたノルマを、ブツブツ文句を言いながらもテキパキと片づけてしまう。

　そんな社会人の要領のいい仕事術から、キミたちが学べることは多い。この章では、**"大人の仕事術"を受験勉強にカスタマイズして示す**。本格的な受験計画を立てる前に、計画遂行能力を高める簡単なノウハウから吸収していこう。

[CHAPTER1] 苦痛にならない！　計画作成のコツ　11

Strategic Planning

TACTICS 01 夜寝る前に「明日やるべきこと」を書き出しておこう!

"ノルマ意識"を植えつける

☑ "切り替えスイッチ"を入れるコツ

　夕飯がすんで、見たいテレビ番組も終わった。「さて、勉強しようか」と思う。ところが、腰がなかなか上がらない。気持ちの切り替えができずに、ダラダラと無為（むい）な時間を過ごす……。
　なぜ、すぐに"切り替えスイッチ"が入らないのか。
「勉強はメンドーだし、やりたくないから」
　それはみんな同じだ。イヤだと思っていても、気持ちをサッと切り替えられる人もいる。だから、理由にはしてほしくない。
　ほかにないかと考えると、思い当たる理由があった。
「"今日やるべきこと"を考えるのがおっくうだから」
　たしかにそうだ。私も経験がある。
「サボってきた数学、けっこうため込んでるなぁ」「えーと、化学の予習プリントは明日までだっけ!?」「英語の宿題は1回サボっちゃおうかな」……。
　頭の中がゴチャゴチャしてきて、考えること自体が面倒になってくる。「やるべきこと」を決められないので動き出せない。そうこうするうちに、やる気がだんだん失せていく。
　ではどうするか。**「今日やるべきこと」を事前に書き出しておけばいい**。目の前にそのリストがあれば、「さてと、今日は何をやればいいんだっけ」などと改めて考える手間が省ける。

図解 「明日のノルマ」を紙に書き出す

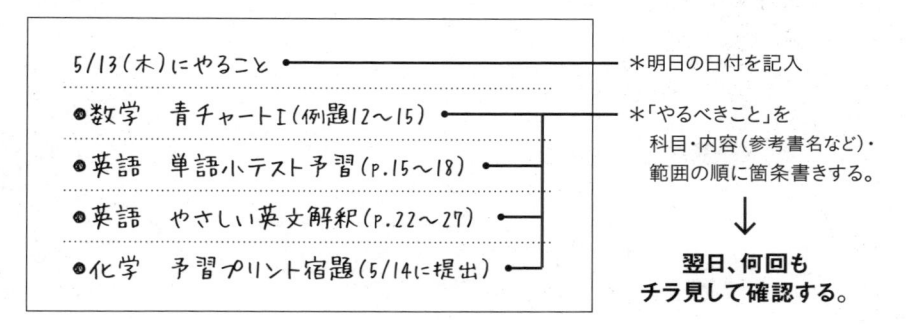

```
5/13(木)にやること
●数学    青チャートI(例題12～15)
●英語    単語小テスト予習(p.15～18)
●英語    やさしい英文解釈(p.22～27)
●化学    予習プリント宿題(5/14に提出)
```

＊明日の日付を記入

＊「やるべきこと」を科目・内容(参考書名など)・範囲の順に箇条書きする。

↓

翌日、何回もチラ見して確認する。

☑ 書くことで"ノルマ意識"が高まる!

　そこで、さっそく試してほしい。毎日、夜寝る前に「明日やるべきこと」を考え、紙に書き出しておくのだ。ルーズリーフやメモ用紙、広告のウラ紙でもかまわない。

　一晩寝て明日になると、これが「今日のノルマ」を示す"超カンタン計画表"になる。

　翌朝起きたら、まずその紙を見る。「やるべきこと」を声に出して読み上げる。カバンに入れて学校に行き、ときどきチラ見して確認する。帰宅途中にも目を通す。

　家に戻ってから夕飯をすませ、テレビも見終わった。

　「さて、勉強しようか」となったとき、昨日とは明らかに何かが違う。"ノルマ意識"が格段に高まっているのだ。

　「今日のノルマ」はすでに決まっている。今からわざわざ考えずにすむのでストレスがない。昨晩書いた紙を見なくても、「やるべきこと」が頭に入っている。

　「書く」「読む」「見る」ことで、ノルマの内容が記憶に残ると同時に、**「やらねばならぬ感」**が植えつけられるのだ。

　「よし、さっさと片づけてしまおう!」

　勉強は面倒でも、「やりたくない」より「やらねばならぬ」のほうが勝つ。だから"切り替えスイッチ"がパチッと入る。

［CHAPTER1］苦痛にならない! 計画作成のコツ

Strategic Planning

TACTICS 02
"天敵"は後回し、簡単なノルマから順番に片づけていこう！

持続力を最後まで保つ

☑ "勉強の先送り"を防ぐノルマ消化術

いざ机に向かって勉強を始めたはいいが、思うように先に進まない。10分を過ぎたころには、早くもどん詰まり……。

こんなとき、気分転換のつもりでスマホに手を伸ばそうものなら最後、ラインの返信やゲームから抜け出せなくなる。そのうち"勉強しなくてもいい理由"を探し始める。

「今日は部活でヘトヘト、明日からマジ頑張る！」

そうやって自分を納得させ、勉強は早々と店じまい。続きと残りのノルマが"借金"として明日に繰り越される。

計画がズルズル遅れていく原因の1つが、こうした"途中棄権"による勉強の先送りだ。

では、明日からマジメに頑張るかというと、残念ながらそうはならない。"借金"はたまる一方だ。

この悪循環をどうやって断ち切るか。「**簡単なこと**」「**短時間でできること**」から順番にノルマを片づけていけばいい。

たとえば、その日のうちにやるべきノルマが4つあり、1つは毎回時間がかかって苦戦する"天敵"の数学だったとする。

最初にイヤなものを片づけてしまいたい気持ちはわかる。だが、ここはあえて一番やっかいな数学を最後に回す。それよりも簡単で、短い時間でできる課題から順に手をつけていくのだ。

☑ ノルマを速く減らせば勢いがつく

　人間のやる気は、ちょっとした心の状態に左右される。持続力・集中力を保つコツは、「うまくいっている感」をできるだけ長時間維持させることにある。

　その点、ゲームはよくできている。対戦型ゲームでは、弱い敵から順に送り込んで次第に難度を上げ、ラストに最強のボス（通称ラスボス）と対戦させるのがお決まりの展開だ。

　襲ってくる敵を倒すたびに戦闘能力が上がり、ボスが待つ最終ステージに近づいていく。

　「よし、うまくいっている。あとちょっと！」という快感がゲームを続ける原動力となる。

　勉強もこれと同じだ。いきなり"ラスボス"と対戦しても、そう簡単に倒せるはずがない。まずは"雑魚キャラ"から順に片づけ、ノルマを1つずつ着実に減らすことに専念しよう。

　4つあったノルマが3つになり、2つになる。**ノルマを速く減らせば、「うまくいっている感」が途切れることなく維持される。**ゴールが見えてくると、疲れてきても集中力は衰えない。

　残るノルマは1つ。時間を気にせず、じっくり腰をすえて取り組める。粘り強く"ラスボス"を料理すればいい。

　ここまできての"試合放棄"は、もったいなさすぎる！

> ズバッと解決!

受験計画FAQ

よくある質問① ノルマ設定編

Q 何を勉強すればいいのか……

　宿題がない日は、何を勉強すればいいのかわかりません。英単語の暗記くらいしか思いつかないのですが……。(高3)

A 「勉強法」を勉強してみよう!

　宿題が出ないと勉強しないのは、何から手をつけていいのかがわからないからだろう。

　こういう人は、ズバリ、「勉強法」の勉強から始めるといい。受験勉強の方法について書かれた本を読んでみるのだ。宿題以外にどんなことをすればいいのか、読んでいるうちにだんだんわかってくる。その上で、今の自分に一番足りない勉強、必要と思える課題を、日々のノルマとして設定する。

　私の本では『新・受験勉強入門《勉強法マニュアル》』(ブックマン社)をオススメしたい。「何から手をつければいいのか」が、簡単なチェックテストでわかるようになっている。

Q 毎日やったほうがいい課題は何でしょうか。(高2)

A 英語と数学は間隔を空けない!

　ズバリ、英語と数学だ。この2教科は、1日でも間が空くとカンが鈍って調子を落とす。特に基礎を築いている時期は、慣れを作る

ことが重要なので、毎日勉強するのは当然として、多めに勉強時間を確保して集中的に取り組むと学習効果が高くなる。

また、英語と数学は伸ばすのに時間がかかるが、いったん仕上がるとそうそう簡単に実力は落ちない。だから、まずは英語と数学を先に伸ばし、ある程度仕上がってから理科や地歴に集中的に取り組む"英数先行型"の受験計画が理に適っている。

Q 宿題で手一杯、ほかの勉強ができない

学校と塾の宿題で毎日深夜近くまでかかり、自分がやりたい勉強ができません。このままで大丈夫でしょうか。(高1)

A 何かを切るしかない!

根本的なことを言うと、本当に塾に通う必要があるのかを見直してみよう。現在高1ということは、教科書レベルの基礎学力を築いている段階だろう。そうであれば、とりあえず学校の授業と宿題だけでも十分と言える。塾を切ることができれば、自分がやりたい勉強にも手をつけられるはずだ。

学校や塾の授業を理解できず、宿題も時間ばかりかかってきちんと消化できないのであれば、もっと基礎的なことからやり直すほうがいい。その場合の「自分がやりたい勉強」とは、中学範囲も含めた基礎学力の"抜け"を埋めることである。当然、宿題を切ってでも、基礎の修復を優先させる。

受験勉強は「自分が主役の勉強」である。自分に何が必要で、何を優先すべきかを決めるのは、教師ではなく自分だ。学校や教師にあまりビクビクせず、自分が思った通りのことをやってみよう。切ることを恐れていたら、受験勉強などできない。

Strategic Planning

TACTICS 03
「スタート1分前」、スマホのカウントダウンで動き出しを速く!

勉強習慣をつくる仕掛け

☑ 動き出しが遅いのは性格のせい?

　勉強をしないわけではない。ただ、いつも取りかかるのが遅いため、予定していたノルマが全然こなせない。「もっと早く始めればよかった」と後悔するが、これがなかなか直らない。
　「まだ時間があると思うとダラけてしまう」
　「追い詰められないとやれない」
　そんな自分のだらしない性格を変えたいと思っている人も、きっとたくさんいるに違いない。
　しかし、これは性格のせいではなく、単純に習慣の問題だ。歯磨きでもトイレの後の手洗いでも、習慣として身についたものは、何も考えずにスッとできる。性格はいっさい関係ない。
　勉強も、毎日の習慣として身につけてしまえば、面倒だとかイヤだとか、そんなことすら思わなくなる。その時間になると、自動的に勉強を始められるようになる。
　では、初動を速くするにはどうすれば?
　習慣が身につくまでは、**時間がきたら無理やりにでも机に向かう**しかない。必要なのは"外からの強制力"だ。
　たとえば、歯磨きの習慣がどうやって身についたのかを思い出してみよう。幼い頃、歯磨きが嫌いだったキミが、誰の助けも借りずに歯磨きの習慣が身についたわけではない。

☑「残り30秒」で勉強部屋に駆け込もう！

　最初のうち、逃げ回るキミを親がつかまえて、なだめたりすかしたりしながら、毎日強制的に歯を磨かせていた。そのおかげで、いつしか一人で歯を磨く習慣が身についた。

　今では、どんなに疲れていても、寝る前に歯を磨く。磨き忘れると、口の中が気持ち悪く感じてどうも眠れない。仕方なく、ゴソゴソ起き出して洗面所に向かう。

　「やらないと気持ち悪い」、これが習慣の本質である。

　勉強も歯磨きと同じだ。勉強習慣をつけるには、毎日ある時刻になったら強制的に机に向かうようにする。

　誰に強制してもらうか、そこが問題だ。親に尻を叩いてもらってもいいが、もうそんな年頃でもないだろう。

　そこで、親の代わりにスマホを活用しよう。タイマー機能で勉強開始時刻をセットする。カウントダウンのアプリをダウンロードして待ち受け画面に表示させてもいい。

　経験者の話では、効果てきめんだそうだ。残り30秒を切るとシャキッとなり、アラームが鳴る前に勉強部屋に駆け込む。「ぎりぎりセーフ！」のスリルがやみつきになると言う。

　それが1週間続くと、机に向かうのが苦痛でなくなる。1か月経つころには「勉強しないと気持ち悪く感じる」ようになる。

［CHAPTER1］苦痛にならない！　計画作成のコツ

Strategic Planning

TACTICS 04
ノルマを1つずつ消す快感を計画遂行の推進力に!
達成感のリアルタイム表示

☑「予定を書き、終わったら消す」の効用

　今日やるべきことは、とりあえず頭の中に入っている。しかし、それを改めて書くことによって、「よし、頑張るか！」と、気持ちが前向きになる。

　ノルマを紙に書き出すのは、やるべきことを忘れないためではない。勉強に向けて気持ちを切り替える。自分を励ましてやる気を奮い立たせる。それが最大の目的だ。

　さらに、その紙を目に見えるところに置くと、気が引き締まって「やらねばならぬ感」がいっそう強まる。仕事ができる社会人は、この心理を使って毎日の仕事を効率よく処理する。

　右のオフィス写真を見てほしい。

　デスク上のパソコンに「今日やるべき仕事」を書いた付せんを一列に並べてペタペタ貼ってある。

　付せんを使うのは、終わったものから順に剥がすためだ。**ノルマを1つ消化するたびに付せんが1枚消える。**

　これがものすごく気持ちいい。そんなちょっとした快感が、ツラい仕事を効率よくこなす原動力となっている。

☑ 達成感をビジュアライズしよう!

　勉強に取り組むときも、この達成感をしっかり味わおう。それには、達成感を目に見える形にすることが大切だ。
　キミたちもこれをマネをしてみよう。今日のノルマを1つずつ付せんに書き、机の上の電気スタンドや鉛筆立てに貼っておく。1つノルマを終えたらその付せんを剥がす。実に気分がいい。
　また1枚付せんが取れた。「よし」と小さくガッツポーズ。こうなると、**「付せんを剥がす楽しみ」**のために勉強している気分になってくる。それでいい。むしろそれが狙いだ。
　付せんを使うのが面倒な人は、「今日のノルマ」を書いた紙を目につくところに置き、1つノルマを終えるたびに、マジックで力を込めてギギーッと塗り潰すのもオススメだ。
　これまた気分爽快、ストレス解消にもなる。

Strategic Planning

TACTICS 05 今日やったことを記録する習慣をつけて自分と向き合おう!

「勉強履歴」による自己管理術

☑ "場当たり的勉強"から計画的勉強へ

　サッカーでも野球でも、専門の記録係が詳細なスコアブックをつける。試合の流れから選手の好不調、勝敗を分けたポイントまで、スコアブックを見ればすべて把握できる。

　こうしたデータの収集・蓄積は、スポーツの世界では当たり前のように行われている。選手やチームの状態を把握し、修正点を見つけて次の試合に備えるためだ。

　受験生もこれはぜひ見習ってほしい。おそらく、その日やった勉強の内容を記録している人はあまりいないだろう。

　実際にやってみればわかるが、「勉強履歴」を残しておくと、そこからいくつもの問題点や反省点が浮かび上がってくる。

　たとえば、次ページのサンプルを見てほしい。表1が月曜から水曜までの3日間で予定していたノルマ、表2はそれぞれの日に実際にこなした内容を記録したものだ。

　ここから反省点を引き出してみよう。

　月曜日は頑張ってノルマをそれなりに消化したが、火曜はほぼ何もできていない。水曜日にはちょっと復活したものの、予定したノルマの半分をこなすのがやっと、という"息切れ状態"だ。

　ハッキリ言うと、勉強習慣がまだしっかり確立できていない。そして、**行き当たりばったりで勉強するクセ**が抜けていない。

図解 「勉強履歴」から修正点を引き出す！

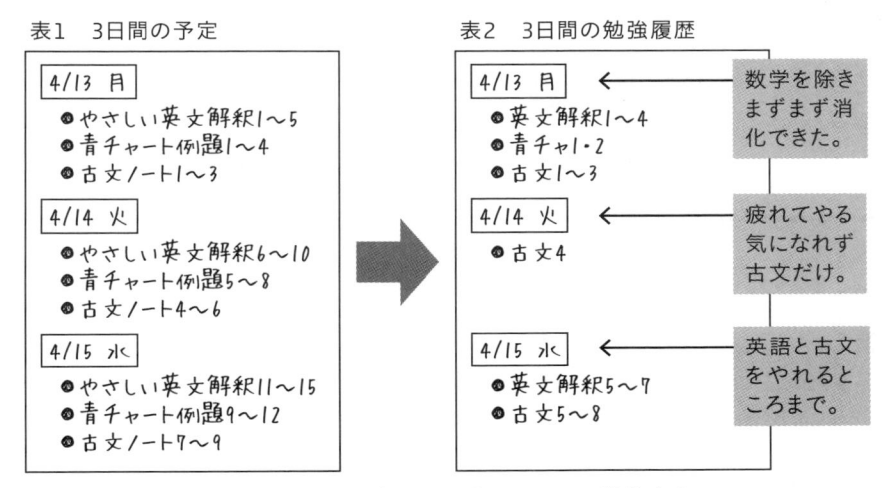

表1　3日間の予定

```
4/13 月
●やさしい英文解釈1～5
●青チャート例題1～4
●古文ノート1～3

4/14 火
●やさしい英文解釈6～10
●青チャート例題5～8
●古文ノート4～6

4/15 水
●やさしい英文解釈11～15
●青チャート例題9～12
●古文ノート7～9
```

表2　3日間の勉強履歴

```
4/13 月
●英文解釈1～4
●青チャ・2
●古文1～3
```
← 数学を除きまずまず消化できた。

```
4/14 火
●古文4
```
← 疲れてやる気になれず古文だけ。

```
4/15 水
●英文解釈5～7
●古文5～8
```
← 英語と古文をやれるところまで。

●修正点…全体的にノルマの量を減らし、一定のペースで勉強する。

☑ 記録しなければ気づけないことがある！

　では、どう修正すればいいのか。細かい点はこの本でもおいおい触れる。1つだけ言っておくと、明らかに**課題の詰め込みすぎ**だ。意気込みはわかるが、まだその段階ではない。

　まずは、現状の半分くらいにノルマを減らし、毎日一定量の勉強をこなす習慣を作ることから始めたい。

　ほかにも修正点はいくつかあるが、それは、勉強習慣が身についてからの話になる。

　ここで一番言いたいのは、勉強履歴を残しておかないと、こうした反省点や改善点を導けず、いつまでたっても"場当たり的勉強"から抜け出せないということだ。

　勉強履歴の簡単な作成法を《計画アプリ①》（28～31ページ）で説明するので、さっそく実践してみてほしい。

> ズバッと解決！

受験計画 FAQ

よくある質問② 計画ツール編

Q 混乱して計画が立てられない

勉強計画を立てようと思っても、考えているうちに混乱して、いつも途中でやめてしまいます。いい方法はないですか？（高3）

A カレンダーを見ながら頭を整理！

まずは頭の中にあるものを書き出してみよう。それを見ているうちにだんだん思考が整理されてくる。必須アイテムは、手帳・卓上カレンダー・壁掛けカレンダー（予定を書き込めるもの）だ。

手帳やカレンダーは、時間の流れと区切りをビジュアルで把握できる"計画表の台紙"であり"思考の整理棚"でもある。そこにいろいろ書き込むことで頭の中が整理され、考えがまとまってくる。

手帳は常に携帯し、学校の宿題や、テスト、遊びの予定などを書き込む習慣をつけよう。それを卓上カレンダーに転記しながら、「今日・明日・今週」の勉強の予定を考えてみる。

そうすると、やるべき課題が絞り込まれる。「今日はコレ、明日はアレ」と、近い順から勉強の予定が浮かび上がってくる。壁掛けカレンダーにそれを書き込めば、立派な計画表になる。

Q スマホのアプリで計画作成

スマホで計画作成ができるアプリケーションがあると聞きました。何かオススメはありますか。(高1)

A いろいろ試して判断しよう!

スマホアプリで使えそうなものには、大きく分けて「スケジュール帳」と「To-doリスト」の2つがある。

*「**スケジュール帳**」

手帳の代わりになるもので、月表示、週表示、日表示の切り替えなど、紙の手帳にはない便利な機能がある。細かい期間を設定できるため、長期の計画（予定）を記入するのが簡単なようだ。

*「**To-doリスト**」

1日分のタスクを書き出すのに適している。終えたタスクはチェックすると削除されるので、残ったタスクがひと目でわかる。終わって消したタスクがアーカイブ（履歴）として残るタイプでは、これが「勉強履歴」の代わりになる。

どちらも、私がちょっと試してみたところ、予定の管理には向いているが、タスクを入力するのが面倒なものが多かった印象がある。そのあたりは若いキミたちの感覚と違うだろうから、まずは試してみよう。よいと思えばそのまま使えばいい。

ちなみに言うと、私は「自分の手で文字を書く」という昔ながらのアナログなやり方のほうが、記憶の強化にも思考の整理にも優れていると思っている。紙の計画表なら、思い立ったときにスッと書き込んだり修正したりできる。アナログの利点は捨てがたい。

Strategic Planning

TACTICS 06 「やり残したこと」は翌日の最優先ノルマに指定、速攻で潰す!

"借金"を残さないノルマ設定術

☑「食わず嫌い」は習慣づけで直す!

　誰にでも苦手科目はある。受験で使わないマイナー科目なら気にしなくていい。ただ、英語や数学など入試の要となる科目が苦手な場合、そうも言っていられない。

　頭では「勉強しなくちゃダメだ」とわかっているが、身体が拒否反応を示す。いざ勉強する段になると、どうしても苦手科目が後手に回って"借金"がどんどん増えていく。

　23ページの勉強履歴（表2）をもう一度見てほしい。数学（青チャート）のノルマがほとんど消化できていない。月曜日に例題を2つ解いただけで、火曜と水曜はまったくやっていない。

　このままいくと、おそらく定期テストの直前まで数学に手をつけないだろう。そうなれば成績が下がる一方で、ますます数学の勉強から遠ざかる。なんとかしなければいけない。

　今使っている参考書がむずかしければ、もっとやさしいものに交換すればいい。わからなければ、長時間考え込まずにさっさと解答を見て解き方を覚えればいい。

　解決法はかならず見つかる。**勉強法を工夫してみれば、思ったほど苦痛ではないことがわかる。**

　早い話が「食わず嫌い」になっているだけなのだ。それを直すには、やはり習慣づけしかない。

図解 "借金返済"のためのノルマ調整

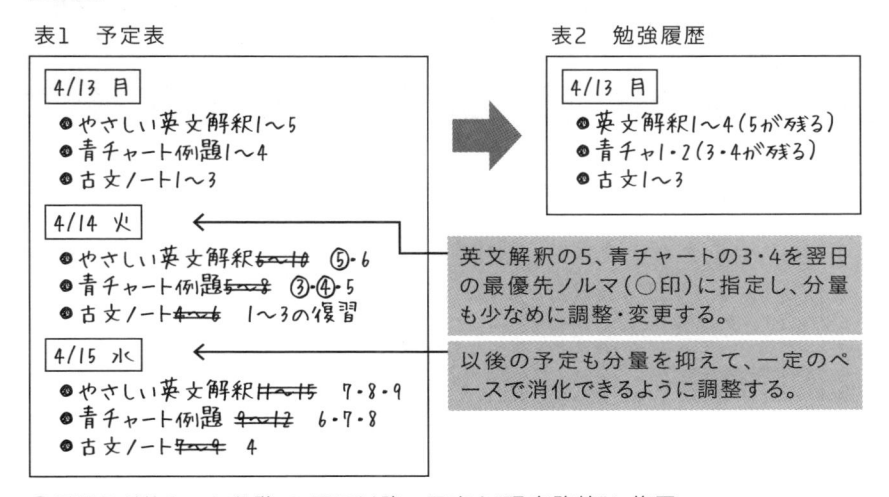

表1　予定表

```
4/13 月
● やさしい英文解釈 1〜5
● 青チャート例題 1〜4
● 古文ノート 1〜3
```

```
4/14 火
● やさしい英文解釈 ~~1~4~~ ⑤・6
● 青チャート例題 ~~1・2~~ ③・④・5
● 古文ノート ~~1~3~~ 1〜3の復習
```

```
4/15 水
● やさしい英文解釈 ~~1~5~~ 7・8・9
● 青チャート例題 ~~1~5~~ 6・7・8
● 古文ノート ~~1~3~~ 4
```

表2　勉強履歴

```
4/13 月
● 英文解釈 1〜4 (5が残る)
● 青チャ 1・2 (3・4が残る)
● 古文 1〜3
```

英文解釈の5、青チャートの3・4を翌日の最優先ノルマ（○印）に指定し、分量も少なめに調整・変更する。

以後の予定も分量を抑えて、一定のペースで消化できるように調整する。

● 月曜日が終わった段階で、翌日以降の予定を"現実路線"に修正。

☑ "昨日の借金"はノルマ調整で速攻返済！

　1日のノルマを消化するとき、苦手科目を最後に回すのは悪くない（TACTICS 2参照）。しかし、それでやり残しが出てしまったら、翌日の「最優先ノルマ」に設定する。取り組む順番も、最後ではなく、最初か2番目に持ってこよう。

　受験計画を破綻なく進める秘訣は、**"借金"がまだ少ない段階で清算してしまう**ことに尽きる。その際、翌日に無理な負担がかからないように、ノルマの分量を変更する必要がある。

　たとえば、順調に進んでいる科目はノルマを減らすか、時間のかからない復習に切り替える。"借金科目"の勉強時間をしっかり確保するためのノルマ調整だ。

　"借金"が少ないうちはノルマの微調整で乗り切れるが、手に負えなくなるほど増えると、一から計画を練り直すしかない。

[CHAPTER1] 苦痛にならない！　計画作成のコツ

計画アプリ ① 「和田式・簡単付せん計画表」

毎日の勉強をラクラク管理!

特徴　付せん活用で毎日使える!

その日の勉強の進行状況をひと目で把握できる計画表。上段は付せんを剥がしてノルマを更新することで毎日使える。下段には1週間分の「勉強履歴」を残せる簡易手帳を用意した。

用意するもの

- 巻末付録「和田式・簡単付せん計画表」のコピー(A4判に拡大)
- 付せん(50×15mm または50×7.5mm)
- A5判のクリアファイル・クリア ブック(「勉強履歴」整理用)

使い方ガイド・当日編

❶「今日やるべきこと」を課題ごとに付せんに書き出す。

❷ 付せんを計画表の「今日のノルマ」に貼る(右図)。→**勉強開始!**

❸ その日消化できたノルマの付せんを「finished task」に移す。

❹ その日やり残したノルマの付せんを「unfinished task」に移す。

❺ その日に消化できたノルマを「勉強履歴」に書き写す。

*ノルマが3つ以内なら、最初から細い付せん(50×7.5mm)を使用すると「勉強履歴」にそのまま貼り付けることができ、書き写す手間が省ける(右図)。

	今日のノルマ	finished
1	英文解釈 セクション1・2	
2	単語小テスト予習 No.21〜40	
3	化学予習プリント	
4	青チャート 例題1・2・3・4・5	

「今日のノルマ」を書いた付せんを貼って勉強を開始!

5/月　勉強履歴

11 (月)　青チャ1・2・3　英文解釈1・2
　　　　単語21-40　化学予習
　　　　*3.5h 化学予習に時間をかけすぎた。

12 (火)　青チャート2-3 4・5・6・7
　　　　英文解釈3　古文ノート1・2
　　　　*3h 1本目数学は意外とイケる

細い付せんを使うと、勉強履歴の欄に直接貼ることができる。

■ 和田式・簡単付せん計画表   Simple daily schedule

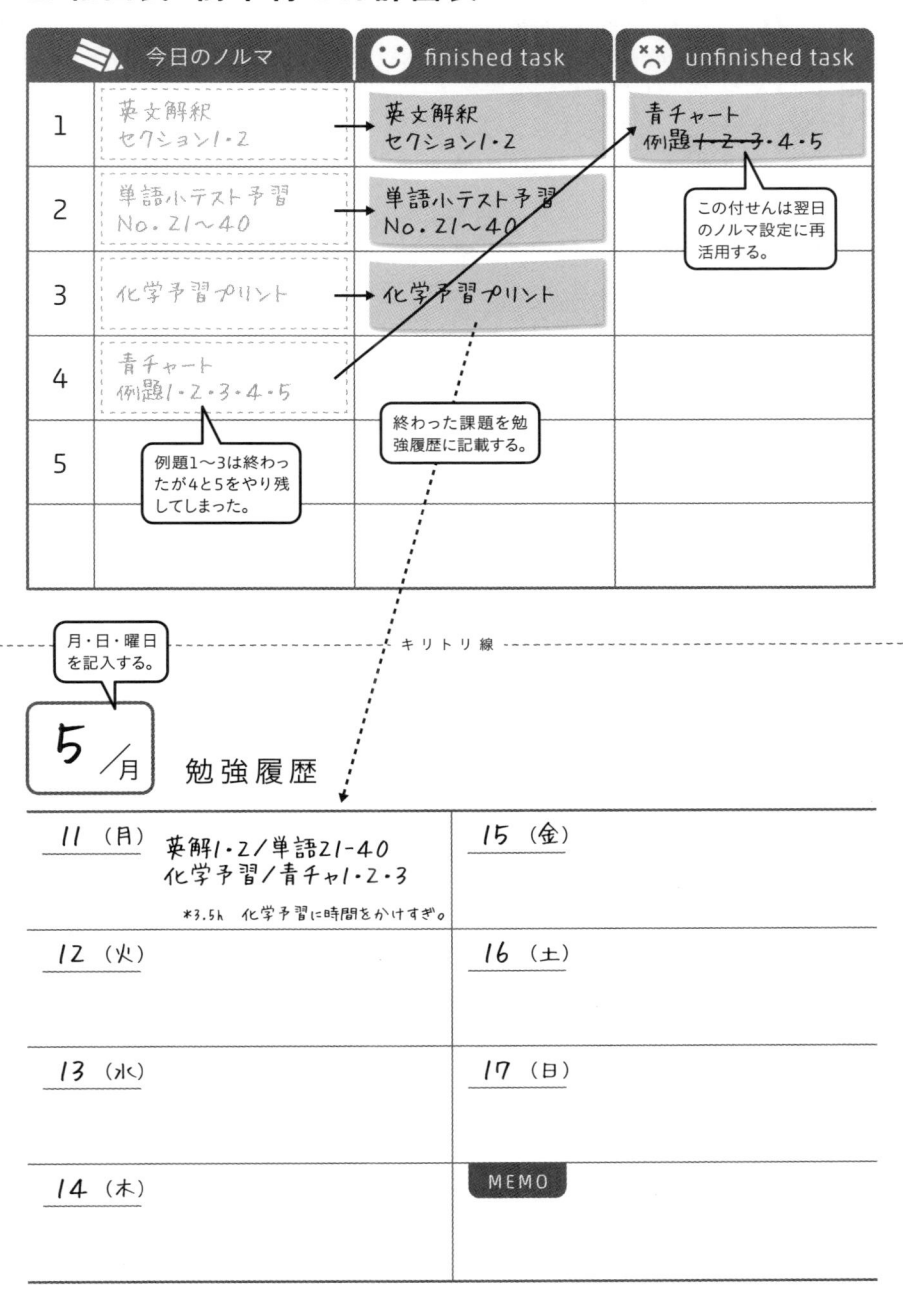

	✏️ 今日のノルマ	😊 finished task	😖 unfinished task
1	英文解釈 セクション1・2	英文解釈 セクション1・2	青チャート 例題1・2・3・4・5
2	単語小テスト予習 No. 21〜40	単語小テスト予習 No. 21〜40	
3	化学予習プリント	化学予習プリント	
4	青チャート 例題1・2・3・4・5		
5			

- この付せんは翌日のノルマ設定に再活用する。
- 例題1〜3は終わったが4と5をやり残してしまった。
- 終わった課題を勉強履歴に記載する。

---- キリトリ線 ----

月・日・曜日を記入する。

5 / 月   勉強履歴

11 （月） 英解1・2／単語21-40 化学予習／青チャ1・2・3 ＊3.5h 化学予習に時間をかけすぎ。	15 （金）
12 （火）	16 （土）
13 （水）	17 （日）
14 （木）	MEMO

［CHAPTER1］苦痛にならない！　計画作成のコツ

使い方ガイド・翌日編

❶ 昨日やり残したノルマを書いた付せんをそのまま活用して、「今日のノルマ」の一番上に貼る（最優先ノルマとして指定）。

❷ その日にやるべきことを、新しい付せんに書き込んで貼る。
＊やり残したノルマを確実に消化することを前提に、その日のノルマの分量を調整する。
＊付せんの色を前日と違うものにすると、昨日のやり残しが目立って意識がそこに向く。

❸ 以下、前ページに記した《使い方ガイド・当日編》❸～❺と同様に進めていく。

「英文解釈」の量を減らして「青チャート」のノルマ消化を優先させている。

「勉強履歴」の活用法

❶ 反省や今後の改善点などがあれば、簡単に書き込んでおく。

❷ その日の勉強にかかった時間も記入しておくと、今後の勉強計画の見通しを立てるのに便利。

❸ 1週間分の勉強履歴がたまったら、中央のキリトリ線に沿って切り、A5判のクリアファイル（クリアブック）に差し込んで整理・保管する。

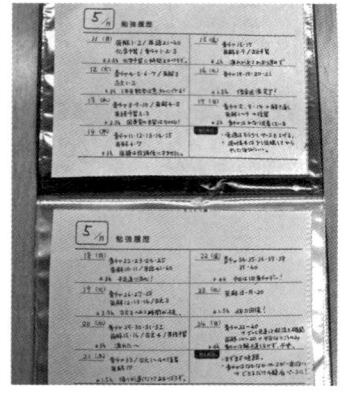

クリアブックで整理した「勉強履歴」。

■ 和田式・簡単付せん計画表　Simple daily schedule

	今日のノルマ	finished task	unfinished task
1	青チャート 例題1・2・3・4・5	青チャート 例題1・2・3・4・5	現代文宿題200字 要約(5/14提出)
2	青チャート 例題6・7	青チャート 例題6・7	翌日の「最優先課題」にする。この付せんを翌日そのまま使う。
3	英文解釈 セクション3	英文解釈 セクション3	
4	古文 文法ノート 1・2	古文 文法ノート 1・2	
5	現代文宿題200字 要約(5/14提出)		

------キリトリ線------

5 /月　勉強履歴

11 (月)	英解1・2/単語21-40 化学予習/青チャ1・2・3 *3.5h 化学予習に時間をかけすぎ。	15 (金)	
12 (火)	青チャ4・5・6・7/英解3 古文1・2 *3h 1本目数学は意外とイケる！	16 (土)	
13 (水)	かかった時間や反省点、改善点なども書く。	17 (日)	
14 (木)		MEMO	

[CHAPTER1] 苦痛にならない！ 計画作成のコツ

Strategic Planning

TACTICS 07 勉強を苦痛に感じさせない受験計画、3つの原則

持続可能な計画を立てる要領

☑ "苦痛のタネ"を計画から取り除く

　張り切って計画を立てたのに、いざ実行してみると思うように進まない。遅れを取り戻そうとしても、増えすぎた"借金"で首が回らなくなってやる気が失せる……。

　"計画破綻"の典型パターンだ。気を取り直して最初から計画を立て直すが、やはり挫折してしまう。計画を立てては挫折、の繰り返し。この悪循環を断ち切る方策を考えよう。

　まずは、「詰め込みすぎない」ことがもっとも重要だ。理想に燃えた受験生は「頑張れば絶対できる」とばかりに、物理的に実行不可能な量のノルマを計画に詰め込む。それが破綻の元凶だ。

　目安としては「**これくらいならできそう**」と思った分量の**5割か6割程度**でちょうどいい。ノルマをあとから追加するのはいくらでも可能なので、最初の段階では「けっこう少ないかも？」くらいの分量に抑える。

　そして「怠け心」。これが思い通りに計画が進まないもう1つの大きな原因になる。入試までまだ時間があると思うと、どうしても遊びを優先させてしまい、勉強が後手に回る。

　しかし、少なくとも「勉強しないとダメだ」という気持ちが心の片隅にあれば、それまでの習慣を変えることで意外に簡単に解決できる。キーワードは「**先憂後楽**」だ。

> **図解　実行可能な受験計画・3つの原則**
>
> 原則1 ●**詰め込みすぎない！**
> 　　　　→「できっこないこと」をやろうとしない
> 原則2 ●**"楽しいこと"は勉強の後に！**
> 　　　　→"報酬効果"でダレを防止、怠け心を封じる
> 原則3 ●**"スキマ時間"を発掘して有効活用！**
> 　　　　→ノルマと勉強時間帯を分散させて息切れを防ぐ

☑ 限られた時間を最大限有効に使おう！

　「先憂後楽」とは、「先に苦労すれば、後でラクになれる」という意味の四字熟語である。もうおわかりだろう。

　ゲーム、ライン、マンガ……。楽しいことを先にやると、勉強するのがおっくうになる。一度ハマると容易に抜け出せない。予定していた勉強がどんどん先送りされて"借金"となる。

　あとでも触れるが、「勉強を終えてからゲーム」のように自分で規律を作り、それを習慣化させよう。この場合、ゲームは「勉強のごほうび」の意味を持つ。

　目の前に"ニンジン"をぶら下げることで馬力が出て、勉強が効率的に進む。心理学で**「報酬効果」**と呼ばれるこの心のメカニズムを、自己管理に活用しよう。

　3つ目は"スキマ時間"の発掘と有効活用だ。

　学校から帰宅して勉強できる時間は限られている。夏休みや直前期を除き、平日は3〜4時間がいいところだろう。

　課題量を抑えても、学校や塾の宿題が入ってくるとアップアップになり、計画が狂い始める。

　そこで、1日の中で活用できていないスキマ時間を発掘し、そこにノルマを埋め込む。特に部活で忙しい人は、スキマ時間の活用なしに受験計画は成り立たない。

[CHAPTER1] 苦痛にならない！　計画作成のコツ

Strategic Planning

TACTICS 08
いざ実地体験！「お試し3日間計画」に取り組んでみよう
計画作成・遂行の実践演習

☑ "ミニ受験計画"で経験値を高める

「受験計画の鬼門は3日目」。受験生の話を聞くと、初日、2日目はどうにか乗り切れても、3日目にガクンとペースが落ち、そこからグダグダになってしまうことが多いようだ。

逆に言うと、3日間きちんとノルマを消化できれば、うまく軌道に乗れる可能性が高まる。ここまでお話ししてきたことを参考に、さっそくチャレンジしてみよう。

まずは、明日からの3日間の計画を立てる。1日ごとのノルマを考えるのではなく、3日間のトータルでこなす課題を決め、とりあえず紙に書き出してみる。

その際、くれぐれも詰め込みすぎないように注意する。「ちょっと多いかな」と思ったら、優先順位の低い課題に×印をつけてリストから外せばいい。

つぎに、最終的に残った課題をほぼ3分割して、1日のノルマを定める。たとえば、3日間で英語の参考書を20ページ進める予定なら、1日当たり6〜7ページを消化する計画になる。

この作業は意外に時間がかかるかもしれない。しかし、あくまでも「体験版」なので、あまり神経質になることはない。

実際の体験を通じて**自分と向き合い、問題点を発見し、修正する能力を高めるトレーニング**だと考えよう。

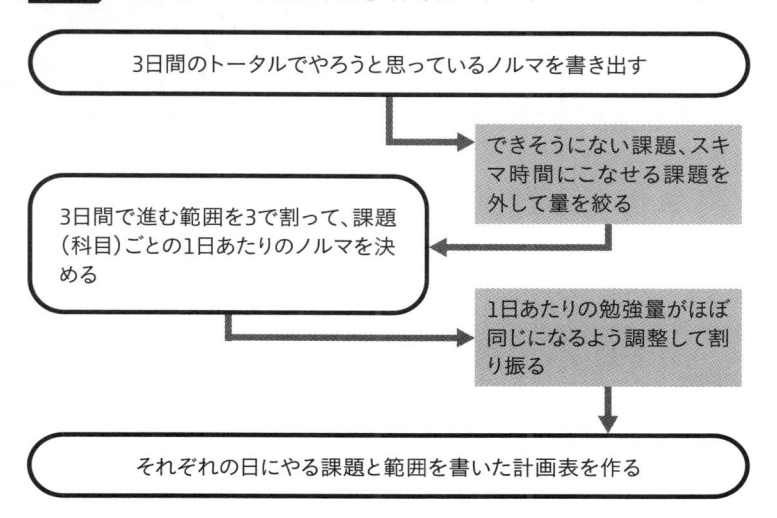

図解 「お試し3日間計画」作成チャート

```
┌─────────────────────────────────────┐
│ 3日間のトータルでやろうと思っているノルマを書き出す │
└─────────────────────────────────────┘
                    ↓
        ┌──────────────────────┐
        │ できそうにない課題、スキ │
        │ マ時間にこなせる課題を │
        │ 外して量を絞る         │
        └──────────────────────┘
                    ↓
┌─────────────────────┐
│ 3日間で進む範囲を3で割って、課題 │
│ （科目）ごとの1日あたりのノルマを決 │
│ める                 │
└─────────────────────┘
                    ↓
        ┌──────────────────────┐
        │ 1日あたりの勉強量がほぼ │
        │ 同じになるよう調整して割 │
        │ り振る                │
        └──────────────────────┘
                    ↓
┌─────────────────────────────────────┐
│ それぞれの日にやる課題と範囲を書いた計画表を作る │
└─────────────────────────────────────┘
```

☑ 結果を分析・評価してつぎに活かす！

　1日あたりのノルマが決まったら計画表を作成するが、巻末付録に「和田式・お試し3日間計画表」を用意した。使い方は、この後の《計画アプリ②》（36〜39ページ）で説明する。

　あとは実行あるのみ。3日間、淡々とノルマを消化する。3日間を終えたら、勉強履歴をもとに結果を総合的に評価しよう。「**反省と修正**」**が受験計画を進化させる。**

　計画通りにいかなかった場合はその原因を分析し、具体的に「**何をどう修正すべきか**」**を書き留めておく。**もちろん、それをつぎに活かさなければ意味がない。

　この「体験版」を通して学び取った計画作成のエッセンスは、CHAPTER2でお話しする1か月計画、1週間計画、さらには本格的な年間受験計画にも活用できる。しっかり取り組んでほしい。

計画アプリ ② 「和田式・お試し3日間計画表」

計画作成の実践トレーニング！

特徴　「簡単付せん計画表」とリンク！

本格的な受験計画を立てる前に、"予行演習"として3日間の計画を立てて遂行する練習をする。予定のノルマを書いた付せんを「簡単付せん計画表」とリンクさせて使用できるのが特徴。

用意するもの

・巻末付録「和田式・お試し3日間計画表」のコピー（A4判に拡大）
・巻末付録「和田式・簡単付せん計画表」のコピー（A4判に拡大）
・付せん（50×15mm または50×7.5mm）

《STEP1》課題の確定と割り振り

❶ 3日間でやろうと思っている課題と範囲（分量）を、紙に書き出してみる。

❷ 1日の勉強時間を想定して、3日間で無理なく消化できそうな分量に調整し、課題と範囲を確定させる（下図）。

```
●英語　やさしい英文解釈4～11（8題）
●数学　青チャートI＋A　例題8～14（7題）
　　　　　　　　　　　　　17～10
●古文　古典文法ノート3～5（3課）
●日本史　超速！日本史の流れ1章
●英語　教科書予習→5/14まで
●数学　宿題→5/15まで
```

＊分量が多いと思ったら適宜減らす。
＊"スキマ時間"にできそうな課題は外す。

❸ 確定した3日分のノルマを計画表の上段に書き込む。

❹ 3日分のノルマを1日目、2日目、3日目に割り振り、課題ごとに付せんに書き込んで下段の表に貼る（右図）。

■ 和田式・お試し3日間計画表　Trial Schedule for 3 days

課題（テキスト）	進む範囲（3日分）	1日あたりの分量（目安）
英語　やさしい英文解釈	4〜11（8課）	2〜3課
数学　青チャートI+A	例題8〜17（10題）	3〜4題
古文　文法ノート	3〜5（3課分）	1課
英語　教科書予習（和訳）5/14授業	Lesson3（p.33）5/13にやる	1ページ分
数学　4ステップ宿題 5/15授業	66〜69の奇数題 5/14にやる	11問

> それぞれの日にやる課題と範囲を付せんに書いて下の表に貼る。

■ 3日間のノルマ

> 日・曜日を記入する

	1日目（ 5 /13水）	2日目（ 5 /14木）	3日目（ 5 /15金）
1	英解4・5	英解6・7・8	英解9・10・11
2	青チャ8・9・10	青チャ11・12・13	青チャ14・15・16・17
3	古文　文法ノート3	4ステップ宿題 66〜69奇数題	古文法ノート4・5
4	英語予習L.3和訳	数学の宿題があるので古文は1日お休み。	
5	英語の予習は時間がかかるので、1の「英解」は2課分に抑える。		

> **ポイント**
> 1日の勉強量がだいたい同じになるように考えて課題と範囲を割り振る。

[CHAPTER1] 苦痛にならない！　計画作成のコツ

《STEP2》計画スタート

❶ 完成した計画表を目に見えるところに置く(壁などに貼る)。
❷ 1日目のノルマの付せんを剥がして、「簡単付せん計画表」に貼り替える(下図)。

■ 3日間のノルマ

	1日目(5 /13水)	2日
1	英解4-5	英
2	青チャ8・9・10	青
3	古文 文法ノート3	47 66
4	英語予習し・3和訳	
5		

■ 和田式・簡単付せん計

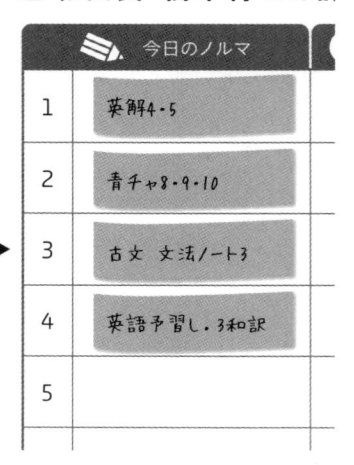

	今日のノルマ	
1	英解4-5	
2	青チャ8・9・10	
3	古文 文法ノート3	
4	英語予習し・3和訳	
5		

❸ 勉強を始める。課題を終えたら付せんを「finished task」の欄に移す(下図はまだ勉強の途中)。以下、「簡単付せん計画表」の使い方(28〜31ページ)に沿って進める。

■ 和田式・簡単付せん計画表　Simple daily schedule

	今日のノルマ	😊 finished task	😫 unfinished tas
1	英解4-5	英語予習し・3和訳	
2		青チャ8・9・10	
3	古文 文法ノート3		
4			

《STEP3》「勉強履歴」の記入

❶ その日の勉強が終わったら、消化できたノルマを「勉強履歴」に記入する。
❷ 勉強時間、改善点なども書き込む（右下図）。
❸ 2日目のノルマを「簡単付せん計画表」に貼って明日の準備を事前にすませておく（下図）。

■ 和田式・簡単付せん計画表　Simple daily

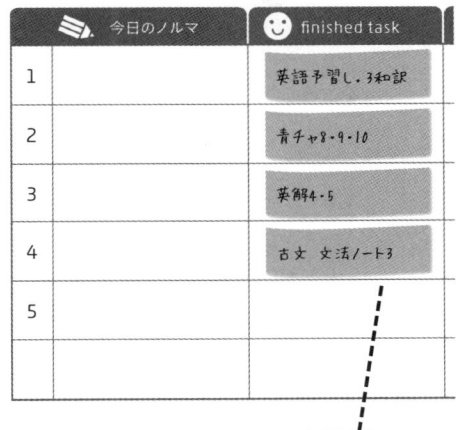

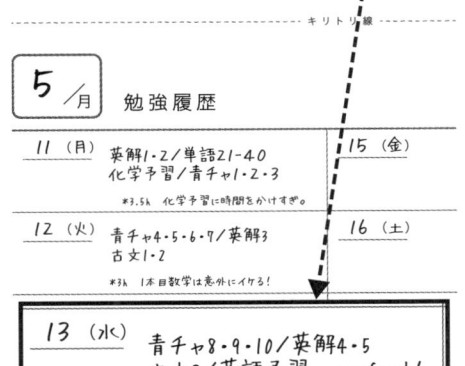

	今日のノルマ	finished task
1		英語予習し.3和訳
2		青チャ8・9・10
3		英解4・5
4		古文 文法ノート3
5		

------ キリトリ線 ------

■ 和田式・簡単付せん計画表

	今日のノルマ
1	英解6・7・8
2	青チャ11・12・13
3	4ステップ宿題 66～69奇数題
4	

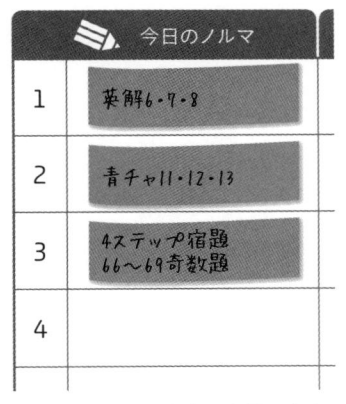

▲2日目のノルマを書いた付せんを「簡単付せん計画表」に貼り替える。

5/月　勉強履歴

11（月）英解1・2／単語21-40
　　　　化学予習／青チャ1・2・3
　　　　＊3.5h 化学予習に時間をかけすぎた。

12（火）青チャ4・5・6・7／英解3
　　　　古文1・2
　　　　＊3h 1本目数学は意外にイケる！

13（水）青チャ8・9・10／英解4・5
　　　　古文3／英語予習　Perfect!
　　　　＊4h 夕食前に予習を済ませると効果的。

15（金）

16（土）

▲1日目の勉強が終わったら、その日消化できたノルマを「勉強履歴」に記入する。

《STEP4》3日間の反省・改善点を考える

❶ 2日目、3日目も同様に取り組んで「勉強履歴」を記入する。
❷ 最初に予定した3日間のノルマを消化できなかったときは、その原因と対策を考え、つぎの計画を立てるときに反映させる。

[CHAPTER1]　苦痛にならない！　計画作成のコツ

CHAPTER 2

途中でくじけない！
計画作成のツボ

「ムリ・ムダ・ムラ」を追放しよう！

CHAPTER 2 の はじめに
時間感覚を身につけて 持続可能な計画を立てる!

☑ "時間資源"を有効活用するノウハウ

楽しいことをしているとき、時間はあっと言う間にすぎる。退屈でつまらないときは、時間が経つのが遅い。同じ1時間でも、短く感じたり長く感じたりするのはなぜだろう。

心理学では、時間に注意を向ける頻度が高いほど、時間経過が長く感じられると説明される。たとえば、ゲームにハマっているときは、いちいち時間を気にしない。文字通り「時間を忘れるほど」に没頭しているので、時間が経つのが短く感じられる。

逆に、退屈な授業を受けているときは「早く終わらないかな」と思って、チラチラと時計を見る。時間に注意を向ける頻度が高くなるので、授業が長く感じられるというわけだ。

受験勉強の"資源"は時間だ。入試までに残されている時間は限られている。「限られた資源」を最大限有効に使うには、日頃から時間に注意を向け、時間を上手に管理(マネジメント)する技術、能力が求められる。

"時間の管理者"はもちろんキミ自身だ。普段から時間に注意を向けていないと、毎日があっと言う間にすぎてしまう。時間に対する鋭敏な感覚を養って、ムリなく実行できる計画を立てられれば、時間を気にせず勉強に集中できる。**キミの心がけ次第で、時間は長くも短くもなる**のだ。

CHAPTER 2 では、時間管理をテーマに「持続可能な計画」を作成するちょっとしたコツを伝えていきたい。難しいことではない。誰でもすぐに実践できることばかりなのだから。

☑ 実践で習得する究極の時間管理術

　ムリな計画はいずれ破綻する。ムダの多い計画は、結果がともなわないのでやる気を削がれる。ムラのある計画は、勉強ペースが安定せず生活リズムを壊す……。

　持続可能な計画を立てるには、「ムリ・ムダ・ムラ」をなくしていかなければならない。それには、「どこにムリがあるのか」「何がムダなのか」「なぜムラが生じるのか」を、実践経験を積む中で知っておくことが欠かせない。

　CHAPTER1では、「お試し3日間計画」を体験してもらった。そこで得られたことを、今度は「1か月計画」に活かしてみよう。基本的な作業はどちらも同じだ。

　まずは、「1か月間」という"時間資源"を使って「何を、どこまでやれるのか」を予測して月間ノルマを決める。それを1週間サイクルの計画に分割して落とし込み、そこから1日の勉強ノルマを割り出していく。

　"機械的な作業"にも見えるが、そのプロセスには時間管理の基本となるノウハウが詰まっている。たとえば、「1週間＝5日」と考えて計画を立てるのもその1つだ (TACTICS 11)。

　時間に合わせて自分が動くのではなく、自分に合わせて時間をコントロールする。究極的とも言えるこの時間管理術を、「1か月計画」の実践を通じてマスターしよう。

　実際に勉強して学力を上げながら、同時に時間管理能力を養っていく。これも、限りある"時間資源"の有効活用術だ。

Strategic Planning

TACTICS 09 今から入試日まで「残されている時間」を週単位で把握する!

"締切り感覚"を身につける

☑ 入試まで「あと何週間」残ってる?

　普段はほとんど勉強しないが、定期テストの1週間前になると、ようやく尻に火がついてガガーッと勉強する。しかし、テストが終わると、また元のグダグダ生活に逆戻り……。

　「これではいけない」と思うが、なかなか直せない。勉強しないとダメだと思いながら、ダラダラしてしまうのはなぜか。「まだまだ時間がある」と思って安心してしまうからだ。

　「入試までまだ1年もある」と思うと、どうしても切迫感がわかない。これが「入試までもう1年しかない!」と切実に思えれば、日々の勉強への取り組み方も変わってくる。

　そこで、入試まであと何週間残っているか、週単位で割り出してみよう。その際、「**1か月＝4週間**」として計算する。「残りあと1年」なら《12か月×4＝48週間》だ。

　「**あと1年**」と「**あと48週間**」では感じ方が違う。「英語・数学・理科2」の4科目受験で「残り48週間」とすると、「1科目当たり12週間しか勉強できない」と暗算でわかる。

　想像してほしい。たとえば今日から毎日、英語の勉強だけをしたとして、3か月後に仕上がっていないといけない。今の英語の実力を「たった12週間」で合格ラインにまで引き上げる⁉

　「ヤバっ、遊んでいる場合じゃない」。その通りだ。

図解 入試までの残り週数を導く

①日付を入力して「計算」をクリックする。
②残り時間を表す下のような画面が出てくる。

```
日数  577 日
週数  82 週    + 3 日
月数  18 ヶ月  + 27 日
年数  1 ヶ年   + 211 日
年月数 1 ヶ年  + 6 ヶ月 + 27 日
```

＊月数の18ヶ月に4をかけて、
18×4＝72
↓
入試日までの残り週数＝72週数

出典：CASIO「ke!san」(こよみの計算・日数計算)

☑ 計画の最小単位も「1週間」に！

　キミの場合、入試まであと何週間残っているのか調べてみよう。指折り数えるより、日数計算に便利なサイトがあるので、これを利用するといい。時計や電子辞書などで有名なメーカー CACIO が運営する「ke!san」だ (http://keisan.casio.jp)。

　「こよみの計算」の中の「日にち・曜日」にある「日数計算（日付－日付）」の画面に入り、開始日（今日の日付）と終了日（入試日）を打ち込む。すると瞬時に「残り時間」を表示してくれる（上図参照）。

　残りの週数は、「実際の週数」ではなく「**月数**」**×4**で導く（以後「週数」で表記）。実際よりもやや少なくなってもかまわない。

　と言うのも、風邪で寝込む日や、学校行事で潰れる日などを想定すると、実際に勉強可能な「残り時間」は、実際の週数よりも明らかに少なくなるからだ。

　さらに、この後お話しする月間計画や週間計画では、「1週間」（実質的には5日間）を基本単位とすることで、より実効性の高いスケジュールを組み立てられるメリットもある。

　「今週は金曜日までにここまで進んでおこう！」

　1週間単位でノルマを設定し、週末を"締切り日"にすれば、常に緊張感を持って日々の勉強に取り組める。当然のことだが、勉強も効率的に進められる。

[CHAPTER2] 途中でくじけない！ 計画作成のツボ　45

Strategic Planning

TACTICS 10 「十分やれそう」と思える目標を段階的に設定する!

動機を高める目標設定術

☑ 現実味のある目標を階段状に!

「夢や目標があるから頑張れる」「目標が大きいほど、人一倍勉強しなければいけない」。まったくその通りだが、目標がかなり先にあると、現実味や切迫感がわかないのも事実だ。

たとえば、「入試は1年以上も先だ」と思うと、「今のうちに遊んでおこう」とか「ちょっとくらいサボっても平気」などと、つい自分に甘くなって日々の勉強が滞る。

長丁場の戦いでは、勉強のモチベーション(やる気の源となる動機)を作ることも重要なテーマになる。定期テストなら一夜漬けでなんとか乗り切れるが、受験はそんなに甘くない。

そこで、**「目標を小分けにする」**というテクニックを使う。最終的な"大目標"は「志望校合格」だが、そこにいたるプロセスで、いくつかの"中・小目標"を段階的に設けるのだ。

あまり先のことだと目標がぼやけるので、《1か月後・3か月後・6か月後》の3段階の目標設定をオススメしたい。

ポイントは、**「ちょっと頑張ればできそう」「十分にやれそう」**と思える現実味のある目標を立てることにある。具体的であればあるほどよく、**数値目標を掲げる**のがベストだ。

巻末付録に「和田式・段階的目標設定シート」を用意したので、さっそく自分なりの段階目標を立ててみよう。

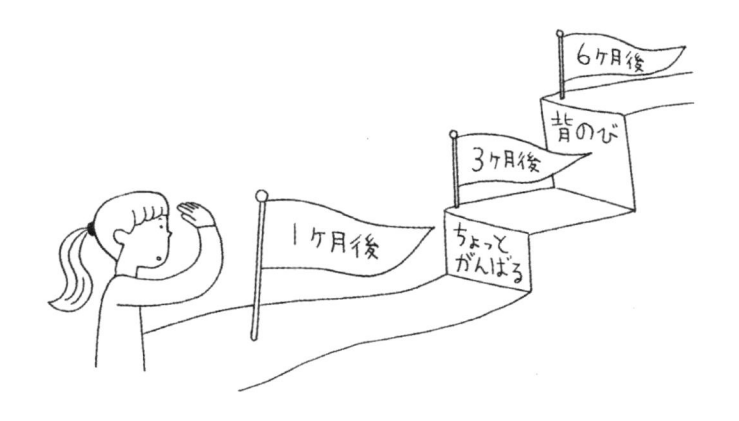

☑ 目標の随時更新で気分一新!

「現在の偏差値は50前半、入試まで1年半余り。志望校は言うのが恥ずかしいけど、かなり高望みで早稲田大学法学部」

全然恥ずかしがることはない。**1年半あれば、偏差値50台からでも3科目受験の難関私大は射程圏内**だ。ただ、目標を高く掲げるのはいいとして、それだけで長丁場の受験勉強を乗り切るモチベーションを維持するのがむずかしい。

そこで「目標の小分け」だ。私がその立場なら次ページのような段階目標を設定する（残り18か月＝72週数）。「ちょっと頑張ればできそう」な"中・小目標"を小刻みに設定し、それをクリアしながら一歩ずつ"大目標"に近づいていく。

49ページに示した段階設定は、計画が順調に進んで「残り9か月＝36週数」になった時点のものである。

最初は"雲の上"の存在だった志望校も「頑張れば手が届きそうな距離」にまで近づいた。これを見れば「よし、いけそう！」と思える。やる気が出て、追い込みにも力が入る。

この目標設定シートは、いわゆる計画表ではないので、何回でも書き直していい。書きながらやる気が出てくる。ダラけてきたときに、気持ちを引き締める目的で更新するのもアリだ。

モチベーションを高い状態に保つために活用してほしい。

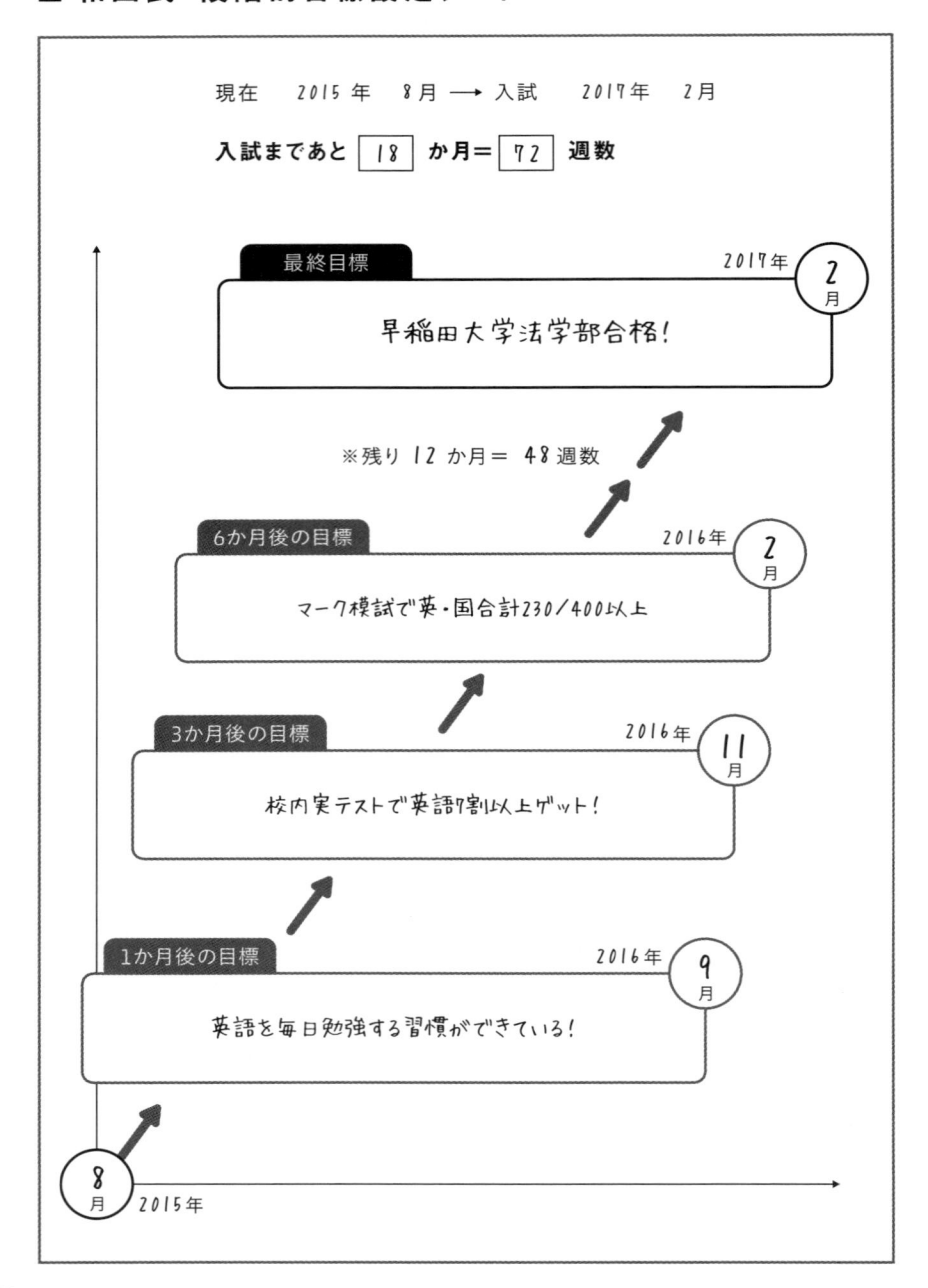

図解 目標設定例（入試18か月前）

■ 和田式・段階的目標設定シート

現在　2015年　8月　→　入試　2017年　2月

入試まであと $\boxed{18}$ か月＝ $\boxed{72}$ 週数

最終目標　　　　　　　　　　　　　　2017年 2月

早稲田大学法学部合格！

※残り 12 か月＝ 48 週数

6か月後の目標　　　　　　　　　　　2016年 2月

マーク模試で英・国合計230/400以上

3か月後の目標　　　　　　　　　　　2016年 11月

校内実テストで英語7割以上ゲット！

1か月後の目標　　　　　　　　　　　2016年 9月

英語を毎日勉強する習慣ができている！

8月 2015年

図解 目標設定例（入試9か月前）

■ 和田式・段階的目標設定シート

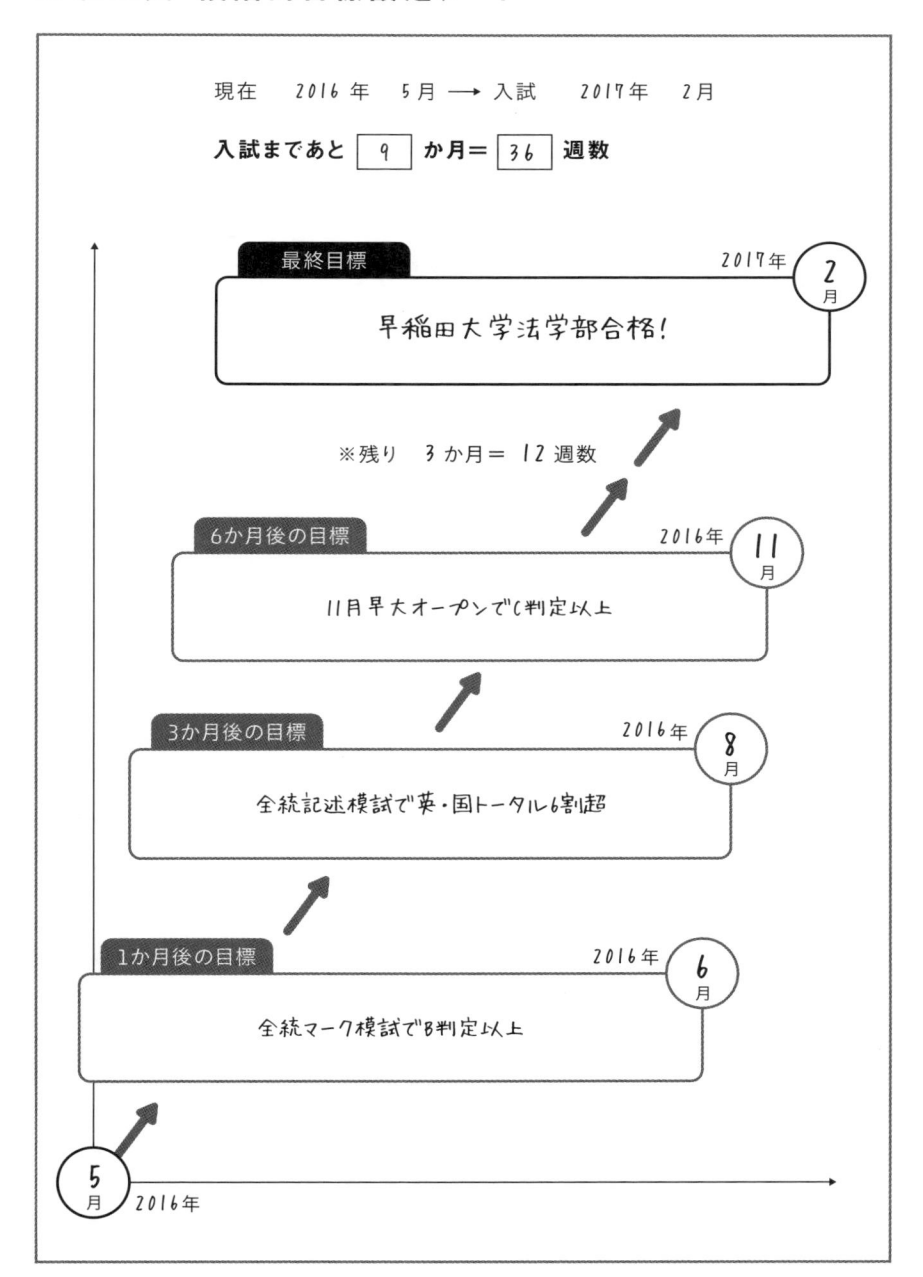

現在　2016年　5月　→　入試　2017年　2月

入試まであと [9] か月＝ [36] 週数

最終目標　　　　　　　　　　　　　　　2017年 2月

早稲田大学法学部合格！

※残り　3か月＝ 12 週数

6か月後の目標　　　　　　　　　　　　2016年 11月

11月早大オープンでC判定以上

3か月後の目標　　　　　　　　　　　　2016年 8月

全統記述模試で英・国トータル6割超

1か月後の目標　　　　　　　　　　　　2016年 6月

全統マーク模試でB判定以上

5月　2016年

［CHAPTER2］途中でくじけない！計画作成のツボ　49

> ズバッと解決!

受験計画 FAQ

よくある質問③ 目標設定編

Q 偏差値45から東大は絶対ムリ?

偏差値45前後で東大を志望しています。絶対無理だとみんなにバカにされます。悔しいです。本当に無理ですか。(高2)

A この世に「絶対」はない!

私が受験戦術書をたくさん出しているのは、実はキミのような高校生の力になりたいからだ。バカにする人間は相手にすることはない。本当に合格して彼らを見返してやればいい。

さて、偏差値45。もうすこし詳しい学力状況を知りたいところだが、厳しい現実であることは素直に受け止めてほしい。ただし、「厳しい」＝「絶対に無理」ではない。この世に「絶対」はない。それが私の信念、人生観である。

まずは英語と数学の基礎を確実に固めよう。これに関しては拙著『「絶対基礎力」をつける勉強法』(瀬谷出版)が参考になるだろう。高2のうちは、この2教科に専念する。

英数が順調に仕上がってきたら、残りの教科に集中的に取り組む。その過程では『新・受験技法　東大合格の極意』(新評論)を参考にしてほしい。

本当に東大に行きたいなら、とにかくやるしかない。1年でダメだったら浪人すればいい。そうやって頑張って大逆転を果たした学生たちは、皆生き生きとした大学生活を送っている。

Q 推薦入試で気をつける点は?

推薦・AO入試を考えているのですが、その場合の受験計画で気をつけるべきことはなんでしょうか。(高3)

A "推薦リスク"を考えた上で計画を!

学校の内申点に関係なく、試験で合格点さえ取れば、誰でも好きな大学に行けるのが、日本の入試システムの美点だと思っている。推薦入試の場合、内申点以外に「個性」や「人間性」といった曖昧な選考基準もあり、何を試されているのかがわかりにくい。

推薦入試、AO入試の選考基準は大学によってさまざまである。一般論として現状でほぼ共通しているのは、学校の成績がよければ、条件的にはかなり有利になる点である。

大学側は、推薦入試の枠を増やして学生のレベルが下がることを憂慮している(現実に、一般入試で入ってきた学生との学力差が問題になっている)。個性や人間性以前に「基礎学力がある学生」がほしいので、選考ではどうしても学校の成績に重きを置く(ただし、医学部では「人間性」や「意欲」もかなり重視するので注意)。

リスクとしては、推薦基準を満たせなかったとき、一般入試で入れそうな大学が相当下のほうに限られてしまう点だ。

「学校の成績を上げる勉強」と「一般入試で受かる受験勉強」はかなり質が違う。前者の勉強しかしていないと、いざ推薦ではダメとなったとき、そこからあわてて勉強しても一般入試に間に合わない可能性が高い。そのリスクを避けたいなら、一般入試も視野に入れた受験計画を考えておくほうが安心だろう。

Strategic Planning

TACTICS 11 「1週間＝5日間」と考えて月間ノルマの量を見積もってみる

詰め込まないスケジュール術

☑ 進む勉強は平日5日間に抑える！

　世界共通の暦では「1週間は7日」だ。しかし、和田式受験計画では「**1週間＝5日**」としてスケジューリングをする。計画を狂わせる要因を想定し、事前に取り除くのが狙いだ。

　次ページの「週間計画基本フォーマット」を見てほしい。月曜から金曜までの平日5日間を「進む勉強」にあて、週末の土日は基本的にブランクにしてある。

　「1週間＝7日」と考えると、週末の土日も使ってかなりの勉強量をこなせそうな錯覚にとらわれる。だから、どうしても詰め込みすぎの計画になってしまう。

　また、「たっぷり時間のある土日に頑張ればいい」という考えが頭の片隅にあると、ついサボり癖が頭をもたげる。「今日は疲れたのでヤメ！」となって、勉強がアッサリ先送りされる。

　もちろん、毎日の勉強が順調に進めば問題はない。しかし、実際には調子よく進まない日もある。予定のノルマを消化しきれないことを想定した、現実的なスケジューリングが大切だ。

　そこで、**土曜日を"借金返済日"として空けておく**。5日分のやり残しが少なければ、1時間もあれば片づけられる。

　「土曜日に遊ぶために、平日頑張って"借金"を作らない」という動機づけ、"報酬効果"を期待できるのも大きい。

図解　週間計画基本フォーマット

月	火	水	木	金	土	日
				→	*5日間のやり残しを潰す *1週間(5日間)の総復習	
進む勉強（平日5日間）					借金返済日	週間復習日

☑ 月間ノルマは20日で消化できる量

　日曜日も基本的にブランクにしておくが、この日は平日5日間に進んだ範囲を復習する「**週間復習日**」にあてる。

　日曜日をまるまる遊んでしまうと、毎日の勉強習慣がそこで途切れる。"遊びモード"を引きずって翌週に突入すると、月曜日からの勉強ペースが乱れる可能性がかなり高い。

　"借金"を早めに返すための"借金返済日"、勉強したことが抜けないようにするための"週間復習日"。想定されるリスクを潰す役割が、週末の土日に与えられる。

　ここで重要になるのが、ノルマの設定基準である。ノルマは多すぎても少なすぎてもいけない。**最適なノルマの分量を、計画作成の最初の段階で見積もっておく**必要がある。

　1日のノルマは、基本的に1か月のノルマ（月間ノルマ）を週単位に分割し、そこから日単位に落とし込んで決める。「1か月＝4週間、1週間＝5日間」で考えると、月間ノルマは「20日間で消化できる量」になる。

　1日にどれくらい勉強できるかは、これまでの経験からある程度わかるだろうから、それを基準に自分にとって最適な月間ノルマの分量を考えてほしい。

　では、実際に月間ノルマを確定する作業に入っていこう。

[CHAPTER2]　途中でくじけない！　計画作成のツボ

TACTICS 12　月間ノルマを書き出して絞り込み、メインとサブに仕分け

月間ノルマの確定法

Strategic Planning

☑「あれもこれも」と手を広げない

　中・長期にわたる受験計画は、本来、入試日までの長いスパンで「やるべきこと」を決め、それを月単位、週単位のノルマに落とし込む手順で作成する。

　しかし、"計画初心者"が、いきなり8か月計画や12か月計画などの長期計画を立てるのは至難の業だ。

　そこで、まずは**月間計画**を立てることから始めよう。

　最初の作業は月間ノルマの確定だ。前項でお話ししたように「20日間でこなせる分量」が目安になる。

　さっそく、1か月でこなすべき課題を科目ごとに考え、紙に書き出してみよう。

　科目別に課題を書き出したら全体を眺め、「ちょっと多いかな」と思ったら、優先順位の低い課題を線で消していく。

　入試日まで1年以上ある場合、毎日継続して勉強するのは最初のうちは「2科目＋α」に抑えたい（16ページ参照）。

　"科目の特性"と「残り時間」を考慮して、**「あえて今やる必要のない課題」はためらわずに消す**。学校から与えられた課題も、今の自分に必要ないと思ったら、バッサリ削る。

　「あれもやろう、これもやっておこう」と手を広げすぎないことが、月間ノルマの確定作業では一番重要だ。

図解 月間ノルマの仕分け（メモ例）

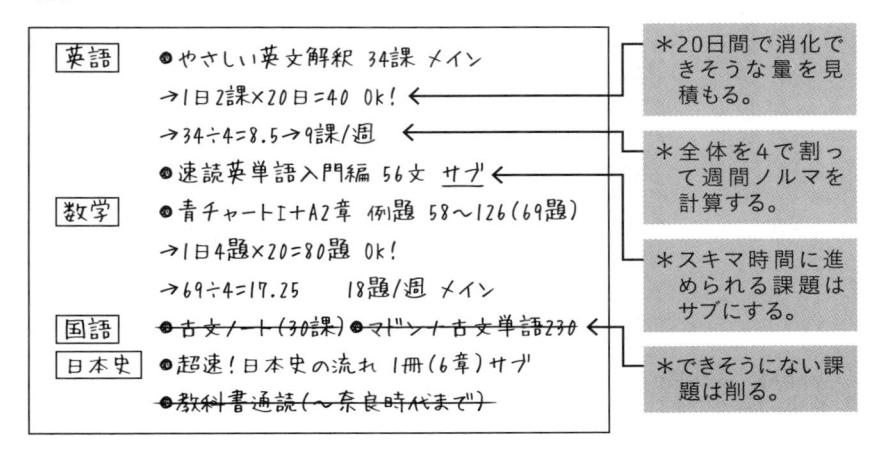

```
┌─────┬──────────────────────────────────────┐
│英語 │ ●やさしい英文解釈 34課 メイン        │ ← *20日間で消化で
│     │ →1日2課×20日＝40 OK!                 │   きそうな量を見
│     │ →34÷4＝8.5→9課/週                    │   積もる。
│     │ ●速読英単語入門編 56文 サブ          │ ← *全体を4で割っ
│数学 │ ●青チャートI＋A2章 例題 58～126(69題)│   て週間ノルマを
│     │ →1日4題×20＝80題 OK!                 │   計算する。
│     │ →69÷4＝17.25  18題/週 メイン         │ ← *スキマ時間に進
│国語 │ ●古文ノート(30課) ●マドンナ古文単語230│   められる課題は
│日本史│ ●超速！日本史の流れ 1冊(6章)サブ    │   サブにする。
│     │ ~~●教科書通読(～奈良時代まで)~~      │ ← *できそうにない課
│     │                                      │   題は削る。
└─────┴──────────────────────────────────────┘
```

☑ 演習系はメイン、暗記系はサブ

　最終的に残った課題は、「メイン」と「サブ」に仕分けする。
　メインは家や自習室などでじっくり取り組む課題、サブはスキマ時間を使って消化できる課題である。
　たとえば、数学や英語の長文読解などの"演習系"はメイン、英単語や文法などの"暗記系"はサブに仕分けする。
　仕分けを終えたら**各課題を4分割して、1週間に進む範囲・問題数を割り出す**。たとえば、数学の課題が「1か月で69例題」なら、週間ノルマは17〜18題（69÷4＝17.25）になる。
　ただ、均等に割った平均値が、そのまま週間ノルマとして確定するわけではない。人間は機械ではないので、毎週キッカリと同じ量のノルマを消化できるとは限らない。
　均等割の週間ノルマは、あくまでも目安と考えておこう。

[CHAPTER2] 途中でくじけない！ 計画作成のツボ

TACTICS 13 その月の忙しさを予測して週間ノルマの量を調整する

週間ノルマの分配計画

☑ "負担の偏り"を防ぐノルマ調整

　調子が悪い日は勉強のペースが落ちる。帰宅が遅くなる日は、勉強時間があまり取れない。「各週15題ずつ」と均等に週間ノルマを決めても、その通りにはいかないのが現実だ。

　睡眠不足、参考書の難易度、予定外の用事など、勉強ペースを乱す要因はいくつもある。最初に決めたノルマが予定通り進まないのは気持ちが悪いし、やる気も削がれてしまう。

　勉強ペースを乱す要因のうち、影響が大きいのは部活や体育祭など、学校関係の活動・行事だろう。ただ、遊びの予定も含めて、こうした「勉強外の用事」は、あらかじめわかっている。

　それを見越した上で、週間ノルマの量を調整する。早い話、**忙しい週はノルマを減らし、ほかの週で埋め合わせする**」ようにスケジュールを組んでおけばいい。

　まずは、「学校行事や遊びの予定」をカレンダーに記入する。忙しそうな週もあれば、そうでもない週もあるだろう。

　そして、忙しさの度合いによってつぎの3段階に分け、記号（T、N、L）を書き込む（次ページ図解参照）。

- きつい週（Tight）…記号 **T** → ノルマ少なめ
- 普通の週（Normal）…記号 **N** → **平均**（月間ノルマ÷4）
- ゆるい週（Loose）…記号 **L** → ノルマ多め

図解　週間ノルマの分量調整の例

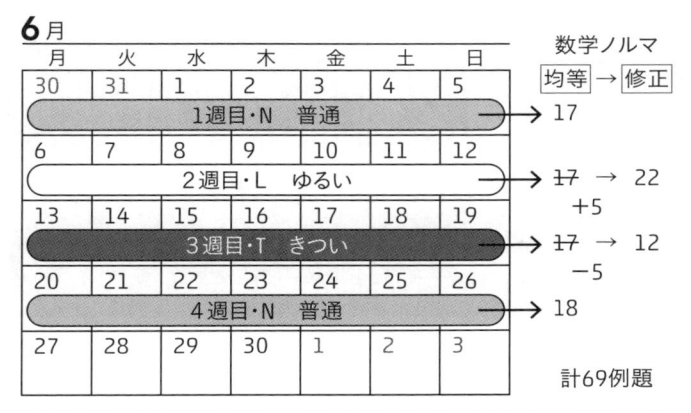

6月

月	火	水	木	金	土	日	数学ノルマ
30	31	1	2	3	4	5	均等 → 修正
		1週目・N　普通					→ 17
6	7	8	9	10	11	12	
		2週目・L　ゆるい					→ ~~17~~ → 22　+5
13	14	15	16	17	18	19	
		3週目・T　きつい					→ ~~17~~ → 12　−5
20	21	22	23	24	25	26	
		4週目・N　普通					→ 18
27	28	29	30	1	2	3	計69例題

● 数学の月間ノルマが69例題の場合、均等に割ると各週17～18題だが、ゆるい週（L）を3割増、きつい週（T）を3割減にして調整した例。

☑「平均値±3割」の範囲で調整する

　週間ノルマは、平均値《月間ノルマ÷4》を基準とし、忙しさの度合いによって増減させる。

　増減の幅は、原則的に「平均値の3割以内」にとどめたい。週によってノルマの量が極端にデコボコになると、勉強ペースが安定せず、計画を狂わせる要因になるからだ。

　部活をやっている人の中には、「ほとんど毎週忙しい」という人もいるだろう。それでも、まずは1週間続けて様子を見る。

　どう頑張ってもノルマを消化しきれなければ、月間ノルマの総量を減らした上で、2週目以降の週間ノルマを再調整する。

　スキマ時間を精一杯活用してどうにかやっていけそうなら、ここは踏ん張りどころだ。「**ちょっときつい**」くらいなら、**続けているうちにそれが「普通」に感じられる**ようになる。

TACTICS 14
月の頭と最後にくる「半端な数日間」は予備日にあてる
月頭、月末の予備日設定

☑ 危機管理のための予備日を設定

「1か月＝4週間」で週間スケジュールを立てる場合、「5週目をどうするか」という問題が出てくる。

2月を除き、毎月30日か31日まであるので、実際には「4週間＋2〜3日」が1か月となる。この余りの「2〜3日」は、原則的に"予備日"とする。計画に柔軟性を持たせるためだ。

毎週土曜日を"借金返済日"に設定しても、予定外の用事が入って、全体のペースが遅れがちになることもある。結果として、月末を迎えて多少の"借金"が残ることも想定しよう。

そこで、予備日の設定が活きてくる。**その月で消化しきれなかったノルマを、月末の予備日を使って潰す**。"借金の翌月繰り越し"を阻止するのが予備日の重要な役割だ。

予備日は"月間復習"にも活用したい。"週間復習日"で手こずった問題や不安な範囲は、そのまま放置しておくと定着せずに抜けてしまい、また最初からやり直すハメになる。

そこで、予備日を使って、その月に進めた範囲で不安な問題や範囲をもう一度復習する機会を設ける。"週間復習日"の1か月バージョンなので、**"月間復習日"** と名づける。

それでも余るときは、翌月分のノルマを前倒しして、少しでも先に進んでおこう。"先憂後楽"の原則だ（32ページ参照）。

図解 予備日のスケジュール組み込み例

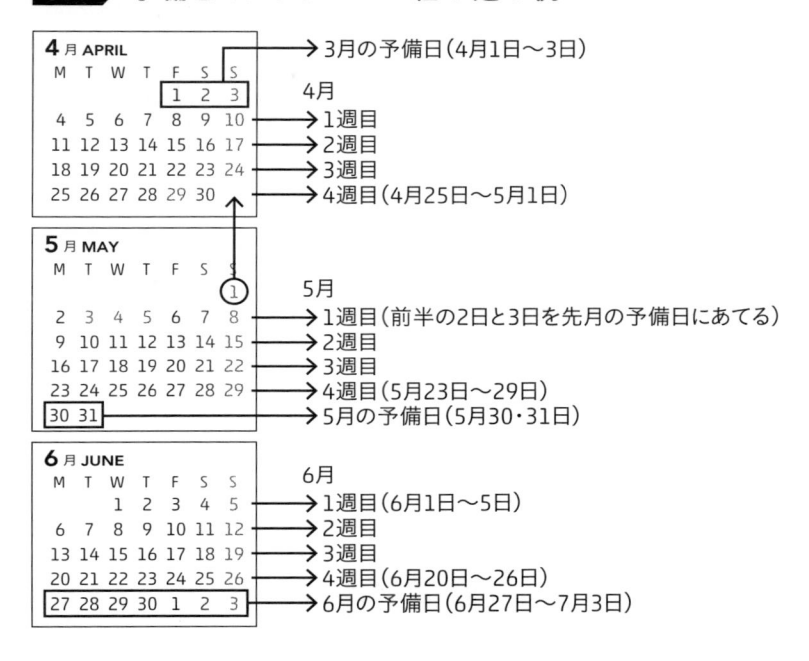

4月 APRIL
M T W T F S S
　　　　1 2 3 → 3月の予備日（4月1日〜3日）
4 5 6 7 8 9 10 → 1週目
11 12 13 14 15 16 17 → 2週目
18 19 20 21 22 23 24 → 3週目
25 26 27 28 29 30 → 4週目（4月25日〜5月1日）

5月 MAY
M T W T F S S
　　　　　　1 →
2 3 4 5 6 7 8 → 1週目（前半の2日と3日を先月の予備日にあてる）
9 10 11 12 13 14 15 → 2週目
16 17 18 19 20 21 22 → 3週目
23 24 25 26 27 28 29 → 4週目（5月23日〜29日）
30 31 → 5月の予備日（5月30・31日）

6月 JUNE
M T W T F S S
　1 2 3 4 5 → 1週目（6月1日〜5日）
6 7 8 9 10 11 12 → 2週目
13 14 15 16 17 18 19 → 3週目
20 21 22 23 24 25 26 → 4週目（6月20日〜26日）
27 28 29 30 1 2 3 → 6月の予備日（6月27日〜7月3日）

☑ 実際の月間計画シミュレーション

　では、実際のカレンダーを使って、予備日を含めた月間スケジュールの応用例を見てみよう（上図参照）。
　4月1日〜3日は中途半端なので「3月分の予備日」にあて、4月4日（月）から1週目をスタートさせる。ただ、ラスト4週目は、5月1日を含めた1週間となって予備日を確保できない。
　上の例では、たまたまゴールデンウィークなので、連休中に"借金返済"と"月間復習"ができるが、そうでない月は、翌月1週目の前半2日間（月・火）を「先月の予備日」にあてる。
　そして、4日（水）から8日（日）までを「1週目」とし、この週だけは土日も「進む勉強」に変更する。翌月も同じパターンだが、ラスト1週間をすべて予備日にあてる余裕が生まれる。"借金返済"と"月間復習"に加え、ノルマの先取りも十分に可能だ。

［CHAPTER2］途中でくじけない！　計画作成のツボ

計画アプリ ③ 「和田式・月間計画表」

実行可能な1か月計画を立てる！

特徴 「週間ノルマ」もひと目でわかる

確定した「月間ノルマ」を記載し、「週間ノルマ」に落とし込むための1か月間の計画表。これをもとに「和田式・週間計画表」（66ページ参照）を作成、両者をリンクさせながら使用する。

用意するもの

・巻末付録「和田式・月間計画表」のコピー（A4判に拡大）
・色エンピツまたは蛍光ペン／電卓（計算用）

《STEP1》月間ノルマ・週間ノルマの確定

❶ 1か月間のノルマ（課題と範囲）を、科目別に計画表上段に記入する（メインが先でサブは後）。

❷ 「月間ノルマ」の範囲（問題数）を4で割って、「週間ノルマ」（少数点以下切り上げ）を割り出して記入（下図参照）。

テキスト	M/S	月間ノルマ	週間ノルマ
やさしい英文解釈	M	1冊・全34課	9課
速読英単語入門編	S	半分（28英文）	7英文
青チャートI+A・2章	M	58〜126（69例題）	18題

$69 \div 4 = 17.25 ≒ 18$

《STEP2》週間ノルマ記入準備

❶ 下段の表の1〜4週目に、「忙しさの度合い」（56ページ参照）と日付・曜日を記入。

❷ 課題を各週の欄に記入（右図）。

週（T/N/L）	課題（M/S）
1週目　N 6／1　（水） 〜 6／5　（日）	①英文解釈M ②青チャートM ③速読英単語S ④超速日本史S
	①解釈

■ 和田式・月間計画表

6/月

テーマ: 毎日コツコツと！

入試まで残り **82** 週数

月、その月のテーマ、入試までの「残り週数」を記入する。

科目	テキスト	M/S	月間ノルマ	週間ノルマ	達成率
英語	やさしい英文解釈	M	1冊・全34課	9課	
	速読英単語入門編	S	半分(28英文)	7英文	
数学	青チャートI+A・2章	M	58〜126(69例題)	18題	
日本史	超速！日本史の流れ	S	全6章・2周	3章分	

科目を記入。

参考書名・メイン、サブの別、月間ノルマの範囲、週間ノルマの分量を記入。

■ 週間ノルマ予定表

週(T/N/L)	課題(M/S)	月	火	水	木	金	土	日	メモ
1週目 N 6/1 (水) 〜 6/5 (日)	①英文解釈M ②青チャートM ③速読英単語S ④超速日本史S	5/30-31 5月予備日 月間復習							
2週目 L 6/6 (月) 〜 6/12 (日)	①解釈 ②青チャ ③速単 ④超速								
3週目 T 6/13 (月) 〜 6/19 (日)	①解釈 ②青チャ ③速単 ④超速								
4週目 N 6/20 (月) 〜 6/26 (日)	①解釈 ②青チャ ③速単 ④超速								
予備日 N		反省と修正点							

月の頭が先月の「予備日」の場合、ここを空けておく。1週目は水曜日からスタート。

各週の欄に①、②…と番号を振って、科目別の課題をメイン→サブの順に記入する。

忙しさの度合いと日付・曜日を記入。

[CHAPTER2] 途中でくじけない！ 計画作成のツボ

《STEP3》週間ノルマの確定と記入

❶「忙しさの度合い」を考慮して、課題ごとの月間ノルマを1〜4週に割り振る。原則的に、「1週間＝平日5日」として進む範囲を見積もる。

■「青チャート」69例題の配分例

＊週平均18題（69÷4、端数切り上げ）

《考え方》
・「N」を週平均として、「L」は2割増、「T」は2割減にしてみる。
　　（18×1.2≒22　18×0.8≒15）
　1週目(N)　18題
　2週目(L)　22題
　3週目(T)　15題→**12題（−3）**
　4週目(N)　18題→**17題（−1）**
　　　　　合計73題（+4）
・合計すると+4になるので、3週目(T)を−3題、4週目(N)を−1題にして調節。

---

❷ 確定したら「週間ノルマ予定表」に記入して完成。見やすくするために、色エンピツなどでふちどりをするとよい。

● **完成サンプル（右ページ）の補足**

・1週目が短い場合は、土日も進めていい。参考書や時期（直前期など）によっては、土日も含めた進行にすることがある。サンプルでは借金返済を㊎、週間復習を㊐で記入している。
・日本史の「超速！」は読み物なので、1か月で2回通して読む計画になっている（2週間で1周）。
・3週目はかなり忙しいので、大胆にノルマを減らしている。

■ 和田式・月間計画表

| | 6/月 | テーマ 毎日コツコツと！ | 入試まで残り 82 週数 |

科目	テキスト	M/S	月間ノルマ	週間ノルマ	達成率
英語	やさしい英文解釈	M	1冊・全34課	9課	
	速読英単語入門編	S	半分(28英文)	7英文	
数学	青チャートI+A・2章	M	58〜126(69例題)	18題	
日本史	超速！日本史の流れ	S	全6章・2周	3章分	

■ 週間ノルマ予定表

週(T/N/L)	課題(M/S)	月	火	水	木	金	土	日	メモ
1週目 N 6/1(水)〜6/5(日)	①英文解釈M ②青チャートM ③速読英単語S ④超速日本史S	5/30-31 5月予備日 月間復習		10課(1〜10) 18例題(58〜75) 5文(1〜5) 前半(1〜3章)					土日も進む
2週目 L 6/6(月)〜6/12(日)	①解釈 ②青チャ ③速単 ④超速	12課(11〜22) 22例題(76〜97) 10文(6〜15) 後半(4〜6章)					返	復	
3週目 T 6/13(月)〜6/19(日)	①解釈 ②青チャ ③速単 ④超速	5課(23〜27) 12例題(98〜109) 5文(16〜20) 2周目・前半(1〜3章)					返	復	
4週目 N 6/20(月)〜6/26(日)	①解釈 ②青チャ ③速単 ④超速	7課(28〜34) 17例題(110〜126) 8文(21〜28) 2周目・後半(4〜6章)					返	復	
予備日 N 6/27(月)〜6/30(水)		反省と 修正点							

[CHAPTER2] 途中でくじけない！ 計画作成のツボ

Strategic Planning

TACTICS 15
月間ノルマを週間スケジュールに落とし込む

和田式・週間計画表の作成

☑ 勉強履歴も残せる週間計画表!

　月間計画表が完成したら、それをもとに週間計画を立てていく。週間計画は手帳や卓上カレンダーに書き込んでもいいが、ここでは巻末付録の「和田式・週間計画表」を使ってみよう。

　次ページのサンプルを見てほしい。これは、63ページの月間計画表の「1週目」（下表）を落とし込んだ計画表だ。

週（T/N/L）	課題（M/S）	月	火	水	木	金	土	日	メモ
1週目 N 6/1（水）〜 6/5（日）	①英文解釈M			10課(1〜10)					土日も進む
	②青チャートM		5/30-31	18例題(58〜75)					
	③速読英単語S		5月予備日	5文(1〜5)					
	④超速日本史S		月間復習	前半(1〜3章)					

　ポイントは、その日に進む予定のノルマの「**課**」や「**例題番号**」**を、すべて列挙しておく**点にある。

　こうしておいて、終わったノルマに消し線を入れていくと、それがそのまま「勉強履歴」（22ページ参照）として残る。

　さらに、「今日の達成率」と「今週の達成率」（サンプルではどちらも空白）によって、達成感をビジュアライズする工夫も盛り込んである。次項の《計画アプリ④》やその後の項目も参考に、さっそく週間計画を立ててみよう。

図解 週間計画表の記入法

■ 和田式・週間計画表

6/月　1日～5日　1週目－N

テキスト	メイン			サブ	
	①英文解釈	②青チャート		④速単	⑤超速
週間ノルマ	10課(1～10)	18例題(58～75)			
5/30(月)			(1週間の日付と曜日を記入。)		
今日の達成率			(メインのテキスト(略称)と週間ノルマを記入。)	(サブのテキスト(略称)を記入。)	
5/31(火)					
今日の達成率					1章
6/1(水)	1　2	58　59　60　61	(2行目からその日の課題(課・例題番号など)を並べて書く。)	1	
今日の達成率					
6/2(木)	3　4	62　63　64			2章
今日の達成率					
6/3(金)	5　6	65　66　67			
今日の達成率					
6/4(土)	7　8	68　69　70　71			3章
今日の達成率					
6/5(日)	9　10	72　73　74　75			
今日の達成率				5	

　　　　　　　　　　0　20　40　60

(日付と「忙しさの度合い」を記入。)

(その週の終わりに進む予定の範囲を記入。)

今週の達成率	①英文解釈 ②青チャート ③速単 ④超速	(使用するテキストを記入しておく。詳しくは71ページ参照。)

[CHAPTER2] 途中でくじけない！ 計画作成のツボ

計画アプリ ④ 「和田式・週間計画表」

達成率を記録しながら勉強する!

特徴 「勉強履歴」にも早変わり!

月間計画表で定めた週間ノルマを、1週間の計画に落とし込むためのオリジナルシート。1週間の毎日のノルマがひと目でわかり、終わったノルマを消すことで、そのまま「勉強履歴」にもなる。

用意するもの

・巻末付録「和田式・週間計画表」のコピー（A4判に拡大）
・使用する参考書／蛍光ペンまたは色エンピツ

《使い方ガイド》

❶ 毎日のノルマをほぼ均等に割り振って記入する。
❷ その日終わったノルマ（例題や課）を線で消していく。
❸ 不安な問題や範囲には△印をつけておく（週末復習で重点的に見直すため）。
❸ その日消化できなかったノルマを、翌日の欄の頭に目立つ色で記入する（右図）。
❹ その日のノルマ消化率を「今日の達成率」の欄に蛍光ペンで塗る（右端を100として目分量で）。
《遂行ポイント》終わるたびにノルマに消し線を入れる。
《遂行ポイント》手こずった問題に△印を入れる。

テキスト	①英文解釈	②青チャート	メイ
週間ノルマ	12課(11～22)	22例題(76～97)	
6/ 6(月)	11 12 13	76 77 78 79	
今日の達成率			
6/ 7(火)	13 14 15	79 80 81 82 83 84	
今日の達成率			

●1日目(6/6)を終えた時点。「英文解釈」の13と「青チャート」の79が終わらなかったので、翌日に繰り越ししている。
達成率は①が2/3で67％、②が3/4で75％。

■ 和田式・週間計画表　　6/月　6日〜12日　　2週目－L

テキスト	メイン			サブ	
	①英文解釈	②青チャート		④速単	⑤超速
週間ノルマ	12課(11〜22)	22例題(76〜97)			
6/6(月)	11 12 13	76 77 78 79	やり残したノルマは翌日の頭に目立つ色で書く。	6	4章
今日の達成率			不安な問題は△印をつけておく。		
6/7(火)	13 14 15	7A 80 81 82 83 84			
今日の達成率			6/7終了時の状況		
6/8(水)	16 17 18	83 84 85 86 87 88	その日の達成率をマーカーで塗る。6月7日の達成率は①が3/3で100%、②が4/6で67%。		
今日の達成率					
6/9(木)	19 20	89 90 91 92 93		13	5章
今日の達成率					
6/10(金)	21 22	94 95 96 97			
今日の達成率					
	1日2〜3課のペース	1日4〜5題のペース			
6/11(土)					6章
今日の達成率					
6/12(日)				15	
今日の達成率					
	0　20　40　60　80　100%				
今週の達成率					

[CHAPTER2] 途中でくじけない！ 計画作成のツボ　　67

Strategic Planning

TACTICS 16 週間計画表はまとめて作成せず1週間ごとに更新!

現実路線で進める週間計画

☑ まずは1週目の計画だけ立てる

　週間計画は、月間計画表をもとに作成する。月間計画表の下段には1週目から4週目まで、1か月間に進める予定のノルマを週ごとに分配・調整した「週間ノルマ予定表」がある。

　これを見て週間計画を作成する際、4枚のシートを使って1か月分（4週分）の週間計画を一気に作ってしまうこともできないことはない。ただし、これはあまりオススメしない。

　計画には修正、調整がつきものだ。月間ノルマを予定通りに消化できるとは限らない。1週目が終わったときのノルマ達成状況が、当初の予定とは違っていることも当然あるだろう。

　たとえば、2週目が終わった時点で、ノルマの消化がかなり滞ってしまった場合、最初に作っておいた3週目、4週目の計画を大幅に修正する必要に迫られる。

　結局、最初の3週目、4週目の週間計画を破棄し、改めて作り直さなければならない。これは時間のロスでしかない。

　そこで、まずは1週目の週間計画だけを立て、2週目以降はブランクにしておこう。**1週目が終わった段階で、ノルマの消化状況と翌週の予定を睨みながら、改めて2週目の計画を立てる。**

　3週目、4週目も同様で、週替わりごとに更新・作成することで、より現実に見合った週間計画になる。

図解 計画は週替わりで作成！

■ 週間ノルマ予定表

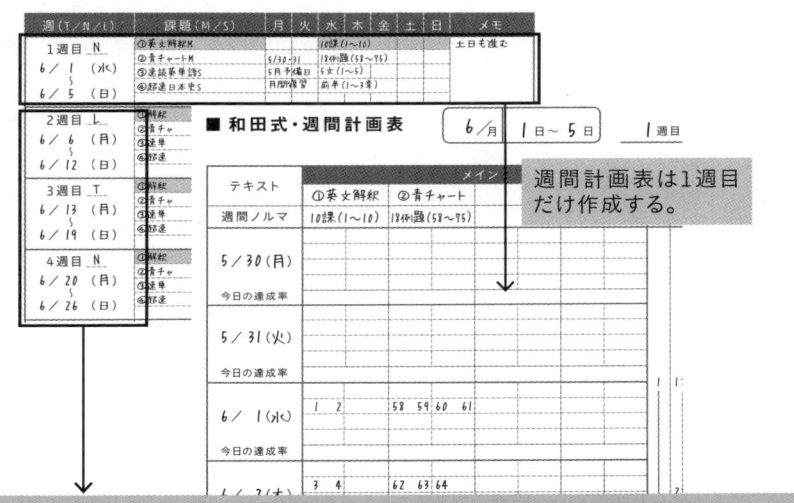

週間計画表は1週目だけ作成する。

2週目の「週間計画表」は、1週目が終わってから、その反省を踏まえて作成する。3週目、4週目も同様。月間計画で予定していた週間ノルマの分量を途中で変更したり、参考書を差し替えたりすることも当然ある。

☑ 反省点を翌週の計画に反映させる

　週間計画表は、慣れてくると短時間で作成できるようになるが、最初のうちはそれなりに時間がかかる。**翌週の計画表は、時間に余裕のある日曜日に作成**しておこう。

　週末最後の日曜日は、週間復習日でもあるので、その週を振り返って反省するのにもちょうどいい。ここで出てきた反省点・修正点は、翌週の計画を作成する際にさっそく盛り込もう。

　たとえば、単純に課題の詰め込みすぎが原因で1週目がうまくいかなかった場合、2週目の計画では確実に実行可能な量にノルマを減らす。当初の計画とは違ってくるが仕方がない。

　そのかわり、どこかで挽回しなければならない。3週目以降、どうやって遅れを取り戻していくかを、その時点である程度考えておこう。一歩先、二歩先を読んでおくことが大切だ。

[CHAPTER2] 途中でくじけない！　計画作成のツボ

Strategic Planning

TACTICS 17 達成率よりも定着率を重視して柔軟に対応!
定着率の評価と計画調整

☑ 達成率だけに目を奪われない!

　日々のノルマに追われていると、あっと言う間に週末だ。

　土曜日に"借金"を返し、日曜日の週間復習を終えたら、「今週の達成率」を週間計画表に記入してその週を振り返る。

　次ページにそのサンプルを載せた。キミだったらこの結果をどう評価するだろうか。「順調にノルマを消化できたので問題なし!」と考えたいところだが、ちょっと待ってほしい。

　ノルマの達成率はよくても、数学(青チャート)で△印が多い。週間復習で解き直しをしているが不安が残っている。

　そのまま放置して先に進むと、弱点として残ってしまう可能性が高いし、そうなると当然、得点力は伸びない。うまくいかなかった原因は何か?

　おそらく、「2次関数」の受験レベルの範囲(最大・最小とその応用)に入ったからだろう。解答をきちんと理解できないまま「解けた気になっている」だけかもしれない。

　そこで、さっそく計画修正だ。来週前半に予定していた範囲を後ろにずらし、△印の例題を潰す計画に変更する。当初の予定を遅らせてでも、ここは徹底的に復習して確実に定着させたい。

　達成率より定着率を重視する。受験計画の鉄則だ。**計画の目的はノルマ達成ではなく、「志望校突破」にある**のだから。

図解 週間計画表サンプル

■ 和田式・週間計画表

| 6/月 | 6日～12日 | 2週目-L |

テキスト	メイン				サブ	
	①英文解釈	②青チャート			④即単	⑤超速
週間ノルマ	12課(11~22)	22例題(76~97)				
6/6(月)	11 12 13	76 77 78 79			6	4章
今日の達成率						
6/7(火)	13 14 15	80 81 82 83 84		2次関数のむずかしい範囲に入ってきたので△が増えている。		
今日の達成率						
6/8(水)	16 17 18	85 86 87 88				
今日の達成率						
6/9(木)	19 20	88 89 90 91 92 93			13	5章
今日の達成率						
6/10(金)	20 21 22	92 93 94 95 96 97				
今日の達成率						
6/11(土)	21 22	96 97		サブの①は11文まで進んで今週を終える。		6章
今日の達成率						
6/12(日)	練習問題1~4を解いて復習	77、79、82、83、84を解き直すもまだ不安	週間復習日にやったことを具体的に記入する。		15 11	
今日の達成率						

0 20 40 60 80 100%

今週の達成率	①英文解釈	12/12		弱点がわかる
	②青チャート	22/22		1日5題はきつい
	③速単	6/10		集中できない
	④超速	3/3		面白い!

課題ごとにノルマの達成率を出して蛍光ペンで棒グラフにする。

感想、反省などのコメントを書く。

[CHAPTER2] 途中でくじけない! 計画作成のツボ

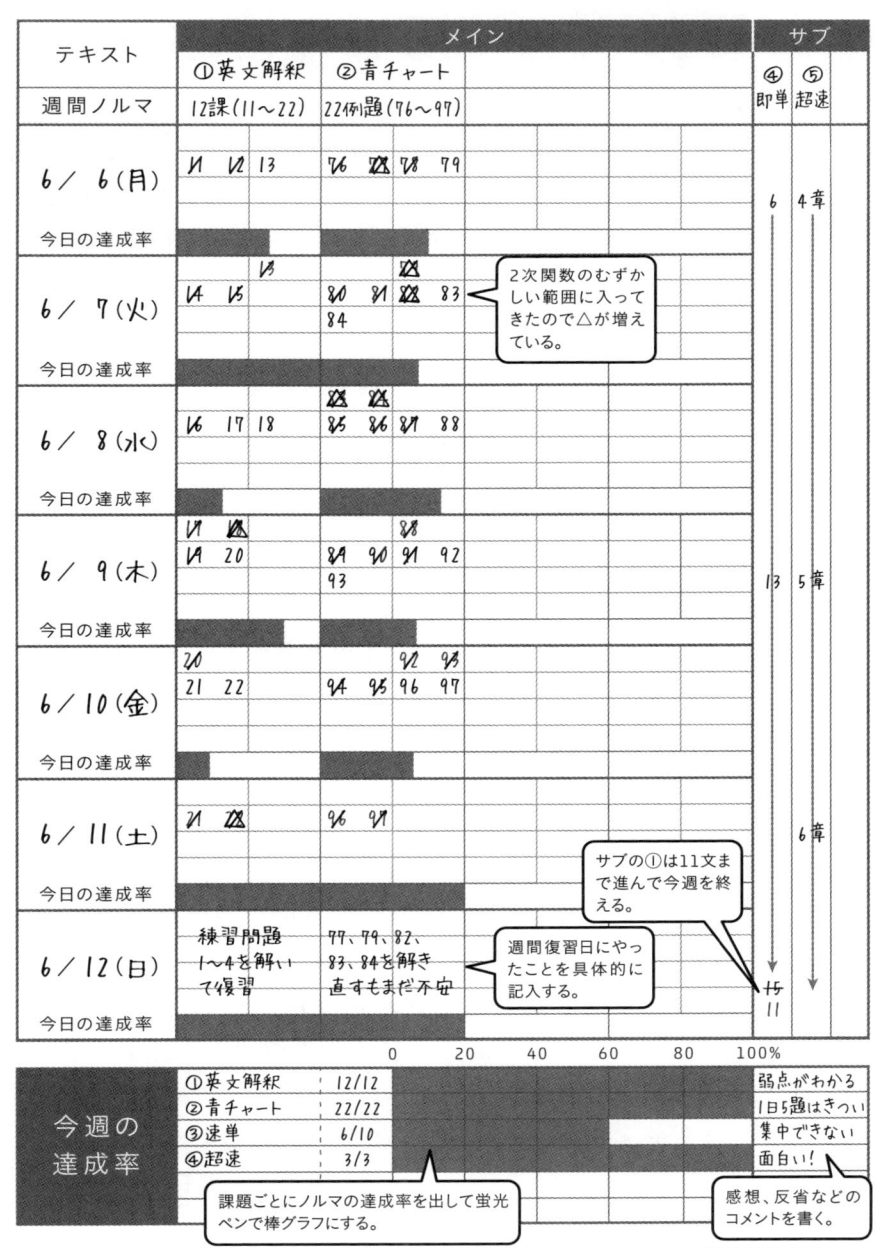

TACTICS 18 反省と修正を何度も繰り返して自分に最適な計画を!

1か月ごとの計画見直し

☑ 月間計画の反省・修正ポイント

　月間計画を終えたら、最初に立てた月間計画表に月間ノルマの達成率とともに「反省と修正点」を記入する。これで"1か月の勉強履歴"ができあがった（次ページのサンプルを参照）。

　特に問題がなければ、そのまま翌月の計画作成に着手する。ただし、まったく修正点がないのは、逆に不自然でもある。

　見直しのポイントは大きく3つある。

　1つは、**テキストが自分に合っているかどうか**。レベルが高すぎる、あるいは感覚的に合わない。それで定着率（ノルマ達成率ではない）が悪いと判断したら、自分に合った参考書に代えて翌月の計画を練り直したほうが、結果的にはいい。

　もう1つは、**進行ペースが適正だったかどうか**。1日に進む範囲を広く取りすぎると、勉強が雑になってしまうことが多い。勉強が雑になると、復習に時間がかる。これは、週間復習日や月間復習日に、どれだけスムースに復習できたかで判断できる。

　3つ目は、**勉強時間が適切**だったかどうか。たとえば「1日1時間」でこなせる量には限界がある。どんなに要領よく勉強しても、絶対的な時間が足りなければストックは増えない。

　以上の3点をチェックして、翌月の計画作成に臨もう。

図解 月間計画表サンプル

■ 和田式・月間計画表

6/月　テーマ　毎日コツコツと！

入試まで残り **82** 週間

科目	テキスト	M/S	月間ノルマ	週間ノルマ	達成率
英語	やさしい英文解釈	M	1冊・全34課○	9課	100%
	速読英単語入門編	S	半分(28英文)●	7英文	40%
			11文でザセツ		
数学	青チャートI+A・2章	M	58〜126(69例題)	18題	100%
			○予備日で消化		
日本史		S	全6章・2周△	3章分	80%
			あと2章分！		

達成率のよい順に○、△、●などの記号で分類し、どこまで進めたかを記入する。

達成率を蛍光ペンで塗って棒グラフにして表す。

■ 週間ノルマ予定表

週(T/N/L)	課題(M/S)	月	火	水	木	金	土	日	メモ
1週目　N 6/1(水) 〜 6/5(日)	①英文解釈 ②青チャート ③速読英単 ④超速日本			10課(1〜10) 18例題(58〜75) 5文(1〜5) 前半(1〜3章)	予備日 月復習				土日も進む
		消化できた範囲を蛍光ペンで塗り潰しておく。							
2週目　L 6/6(月) 〜 6/12(日)	①解釈 ②青チャ ③速単 ④超速	12課(11〜22) 22例題(76〜97) 10文(6〜15) 後半(4〜6章)				12文以降は手つかず	返	復	
3週目　T 6/13(月) 〜 6/19(日)	①解釈 ②青チャ ③速単 ④超速	5課(23〜29) 12例題(98〜109) 5文(16〜20) 2周目・前半(1〜3章)					返	復	
4週目　N 6/20(月) 〜 6/26(日)	①解釈 ②青チャ ③速単 ④超速	7課(28〜34) 17例題(110〜126) 8文(21〜28) 2周目・後半(4〜6章)							改善点、修正点などを書いて来月の計画に反映させる。
予備日　N 6/27(月)〜6/30(水)	●27〜29日 →月間復習 ●30日 →失取り	反省と修正点	・速単が合わない→『ターゲット1400』に替える ・わからない問題は教師に聞いて解決！ ・月間復習で忘れたが多い→週間復習を強化！						

[CHAPTER2] 途中でくじけない！ 計画作成のツボ

CHAPTER 3

勉強効率を高める!
計画作成のテクニック

"ダラダラ勉強"から抜け出そう!

CHAPTER 3 の はじめに
"勉強密度"を上げる工夫を日々の計画に盛り込もう!

☑ 計画推進の動力源は習慣にあり!

　計画表には、「いつまでに、何をやる」ということが段階を踏んで示されている。締め切りとノルマは決まっている。ただ、「どのように実行するか」までは細かく書かれていない。

　計画表に書かれていない、この"How"の部分は、それを実行する人に委ねられている。早い話が、締め切りさえ守れれば自分の好きなようにやってかまわない、ということでもある。

　そうかと言って、本当に好き勝手にやってしまうと、今までと何も変わらない。たとえば、ダラダラと勉強するクセが抜けない人は、集中して取り組めば1時間で片づくノルマに、2時間も3時間もかけてしまうだろう。先に遊んでから勉強する習慣が抜けない人は、その日のノルマを終えるのが午前2時、3時になり、睡眠不足で翌日が使い物にならなくなる。

　今までと同じでいいなら、わざわざ計画を立てる必要などない。「このままではダメ!」「頑張らなければ受からない!」と思うからこそ計画を立てる。別の言い方をすると、**受験計画は「今までの自分を変える」という決意表明**でもあるのだ。

　では、どう変えていけばいいのか。そのヒントをCHAPTER3で提供していきたい。多くは、日々の生活習慣や勉強の取り組み方に関するチマチマとしたことである。だが、この"チマチマ"をバカにしてはいけない。"チマチマの集積"が習慣となり、その習慣が受験計画を動かすエンジンとなるからだ。

　よい習慣は計画を前に進め、悪い習慣は計画を後退させる。

☑ 勉強効率を高める日々の習慣術

　「習慣は第二の天性なり」という名言がある。習慣は、生まれつきの性質（天性）と変わらないくらい、人間の行動に大きな影響を及ぼす、といった意味である。

　日々の行動や勉強のやり方は、かなりの部分、個人の資質や性格に左右されるが、習慣にはそれを覆すだけの力がある。そう解釈することも可能だ。

　1日に勉強できる時間は限られている。同じ時間だけ勉強していても結果に差が出る。勉強効率（単位時間あたりの勉強量）に個人差があるためだ。受験計画を滞りなく進めるには、勉強効率を高める工夫を、習慣として定着させることが欠かせない。

　それまでの習慣を変えるのは、簡単ではないイメージがあるかもしれない。しかし、習慣そのものを根底から変えるわけではない。**今までの生活習慣をベースにしながら、要所要所で小さな修正を試みる**だけでいい。

　たとえば、夕飯を食べた後、好きなテレビを見てから勉強を始めるのが習慣になっている人は、試しに順序を逆にしてみる。テレビを録画している間に勉強をして、勉強が終わってから録画した番組を見るようにする（TACTICS 21）。「なるほど、たしかにそうしたほうが勉強もはかどる」と実感できれば、それを習慣化するのはむずかしくない。

　そんなちょっとしたアイデアを紹介していくので、試してみて効果があると思ったことは、どんどん取り込んでいこう！

Strategic Planning

TACTICS 19 睡眠時間を過不足なく確保して1日の計画を!

規則的な生活リズムを作る

☑ 生活リズムの起点は睡眠時間!

　受験シーズンになると、「1日何時間眠れば大丈夫ですか?」という質問をよく受ける。私の答えはいつも同じだ。

　人間の適正睡眠時間には個人差がある。1日5時間眠るだけで平気な人もいれば、8時間寝ないと頭がよく働かない人もいる。一律に何時間とは決められない。

　まずは、自分にとっての最適な睡眠時間を知ることが大切だ。それには、睡眠時間を変えてみて、日中の活動や勉強にどんな影響が及ぶのかを調べる"検証実験"をするしかない。

　自分の最適睡眠時間がわかったら、これを軸に規則正しい生活リズムを作り出す。入試直前でも同じだ。

　睡眠不足は脳の活動を鈍らせ、注意力、集中力、思考力を低下させる。"寝過ぎ"もまた、脳や身体にさまざまな悪影響を及ぼすことが医学的にわかっている。

　勉強の習慣化、1日の計画作りにあたっては、**最適睡眠時間の確保**を最優先に考えよう。この時間帯だけは唯一削れない。

　たとえば、「夜は11時半にベッドに入り、朝は6時半起床」のように毎日の睡眠時間帯を固定する。そこから日々のルーチンワークを決め、1日のスケジュールを積み上げていく。

　受験計画は「生活習慣の最適プラン」と表裏一体だ。

最適睡眠時間の
確保を再優先に!!

☑ "暗記モノ"は就寝前に組み込む!

　脳科学や認知心理学では、記憶のメカニズムに関する研究がめざましく進んでいる。たとえば、記憶は眠ることで整理・保持されることがわかったのも比較的最近だ。

　ちょっと前まで、"勉強は夜ではなく早起きして"という「朝型勉強」が盛んに推奨されていた。しかし、こと"暗記モノ"に関しては、「夜型勉強」のほうが「朝型勉強」より記憶の定着率が高くなることが最近の研究で明らかになっている。

　夜型勉強といっても、徹夜に近い"夜更かし勉強"ではなく、普段の生活時間帯の夜、就寝前の数時間と考えてほしい。

　こうした実証データにもとづく科学的成果も、日々の計画の中に積極的に取り入れてみよう。

　たとえば、日中のスキマ時間で進めていた"暗記系テキスト"を復習する時間帯を、就寝30分前に設定する。休日の午前中は頭を使う"演習系"を予定し、"暗記系"は夜に回す……。

　いろいろ考えられるが、まずは試してみよう。それで効果を実感できたら、そのまま固定する。効果がないと思ったら、また違う方針で勉強時間帯を再設定すればいい。

　「実験・検証・修正」の繰り返しで、自分にとっての真理＝最適プランに近づく。受験計画も科学もその点で共通する。

[CHAPTER3] 勉強効率を高める! 計画作成のテクニック

Strategic Planning

TACTICS 20 遊ぶ予定日を先に押さえてから計画を練る

「遊び」を動機づけにする

☑ 遊びと勉強の相乗効果を高める

　好きなアーティストの公演チケットの前売りが始まった。「模試でヒドい点取っちゃったし、今回はパスかな」「でも、またアイツが絶対誘ってくるだろうな。どうしよう」……。

　心が揺れ動いて決断できない。そんな状態がこの先ずっと続くのは精神衛生上よくないし、何よりも勉強に身が入らない。

　受験勉強には適度な息抜き、気分転換が必要だ。中・長期的に見れば、**思いっきり好きなことをやる日を月に1回程度作り、たまったストレスをすべて発散**させたほうがいい。

　勉強の予定を組むだけが受験計画ではない。「遊び」を上手に計画に取り組んでメンタルヘルス（心の健康）を良好に保ち、それを勉強にも活かす。そこまで計算して計画を立てよう。

　むずかしく考えなくてもいい。「これだけは譲れない」という日があれば、カレンダーに書き込んで、先に予定を押さえてしまうのだ。これでひとまず気持ちがスッキリする。

　後は、毎月、毎週、1日のノルマを調整して、最終的にうまく帳尻が合うように勉強の予定を組み立てる。

　「遊ぶ日」を"ごほうび"として、その日までにかならずノルマを達成させる。勉強の動機づけとしてこれは非常に強力。"報酬効果"と"締切り効果"の合わせ技一本だ。

☑ 気持ちを切り替えるポイント

　遊ぶ日を先に決めるのはいいが、遊んだ後はパッと気持ちを切り替えて、勉強に集中できる態勢を整える。そうでないと、その日を境にズルズルと失速しかねない。
　気持ちを上手に切り替えるには、いくつかのポイントがある。
　まず、**遊ぶときは"完全燃焼"で楽しむ**ことだ。この日のためにツラい勉強にも耐えてきた。ここで楽しまないと、頑張って勉強してきた意味がない。
　逆に言うと、毎日の勉強が充実していないと、遊びも中途半端なもので終わってしまう。だから、日々頑張って勉強することが、気持ちを切り替える重要なポイントにもなる。
　遊びの頻度を抑えることも大切だ。月に1回程度ならいいが、これが2回、3回となると、計画に無理が生じて、勉強ペースが大きく乱れ、生活リズムも狂っていく。
　そして、思いっきり遊ぶ日にも、かならず何かしらの勉強ノルマを組み込んでおく。「**1秒も勉強をしない日**」を作らないことが、勉強習慣の維持には欠かせない。
　帰宅が遅くても、就寝前に数十分程度の勉強時間は取れる。その時間が"気持ちの切り替え点"になる。鉄道で言うと、レールを切り替える分岐器（ポイント）の役割を果たすノルマの設定だ。

[CHAPTER3] 勉強効率を高める！　計画作成のテクニック

TACTICS 21 見たいテレビは1日のノルマを終えてからゆったり録画鑑賞!

脳の活動に合わせた時間管理

Strategic Planning

☑ 勉強のゴールデンタイムを逃すな!

　最近は"テレビ離れ"が進んでいると言われる。普段、あまりテレビを見ない人もいるだろう。
　それでも、話題のドラマやバラエティ、人気アーティストが出演する番組などがあれば別だ。見ておかないと、クラスの話題についていけず、寂しい思いをする。
　テレビを見ること自体は悪くない。上手にスケジューリングすれば、勉強時間をしっかり確保しつつ、テレビを見る余裕も作れる。ただ、リアルタイムで見る必要があるかどうか。
　テレビの人気番組は、「ゴールデンタイム」と呼ばれる午後7時から10時の間に集中する。もっとも視聴率が取れる時間帯だ。
　疲れて帰宅して夕飯を食べ終わり、ちょっと休憩したら疲れも取れた。「さあ、これから勉強だ!」と、気力も"脳力"も充実する時間帯を、テレビに奪われるのはもったいない。
　リアルタイムでテレビを見たいのはやまやまだが、ここは我慢して録画しておこう。**録画したものは、今日のノルマを終えたら、その"ごほうび"として見る**。これも"報酬効果"だ。
　勉強の後に見る録画番組は、頭の疲れを取るのにもいい。気持ちがリラックスして、自然に眠くなってくる。面白くなければ、そのまま寝てしまえばいいのだ。

図解　1日のスケジュール例

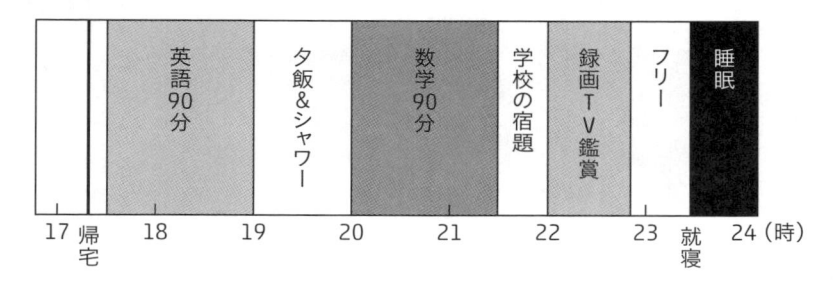

| 17 | 帰宅 | 英語90分 | 18 | 19 | 夕飯&シャワー | 数学90分 | 20 | 21 | 学校の宿題 | 22 | 録画TV鑑賞 | フリー | 23 | 就寝 | 睡眠 | 24 (時) |

☑ ムダな時間はたとえ1分でも削る！

　テレビの録画鑑賞の利点は、時間を生み出せることだ。

　1時間枠のドラマをリアルタイムで見ると、まるまる1時間を消費する。録画しておいてCMなどをスキップすれば、45分程度で見終わる。これで、差し引き15分の時間を生み出せる。

　15分あれば、単語集を5〜6ページはチェックできる。数学の問題を1問解ける。英語の長文問題を1題解ける。

　日々の生活の中で、ムダにしている時間はけっこうある。それが1分でも2分でもばかにならない。寄せ集めれば1時間にも2時間にもなる。そういう視点で1日の生活を点検してみよう。

　たとえば、勉強に手がつかないほど見たい番組は、我慢できずにリアルタイムで見てしまうかもしれない。それが9時から始まる1時間ドラマだったら、「勉強は10時から」と決めるだろう。

　ちょっと待った。ドラマが終わるのは10時ではない。民放ならたいてい9時54分だ。ということは、**9時54分になった瞬間にテレビの前を離れて机に向かえば、5分の時間が生まれる**。

　これは意識の問題だ。朝起きてから家を出るまで、学校に着いてから授業が始まるまで、授業が終わって帰宅するまで、「どこかにムダな時間はないか」と常に注意を向けてほしい。

　明日から、さっそく"時間狩り"を始めてみよう。

［CHAPTER3］勉強効率を高める！　計画作成のテクニック

TACTICS 22
"やっつけ"ですませる学校の宿題は最後に取り組む

強制力による勉強の効率化

Strategic Planning

☑ 宿題を「要・不要」で仕分けする

　私は常々、「勉強は時間ではなく量でするもの」と説いている。たとえば「昨日は5時間も勉強したぜ」と威張っても、5ページしか進まなければ、「1時間で10ページ進んだ人」に負ける。

　しかし、「時間でする」ことにこだわったほうがいい課題もある。それは、自分にとって意味のない学校の宿題だ。

　宿題をたくさん出す学校は、親にとって安心感がある。宿題が出ないと、子供は遊んでばかりで全然勉強しないと思っている。

　しかし、そんなことはない。それが証拠に、今キミはこの本を読んでいる。学校だけに頼っていてはダメだと考え、「自分のための受験勉強」を計画し、実践しようとしている。

　「学校の勉強」だけで志望校に受かる実力がつくなら、わざわざ受験計画など立てなくてもいい。足りない部分、もっと伸ばしたい部分は自分で勉強するしかない。だから**「学校の勉強」**と**「自分のための受験勉強」を分けて考える**必要がある。

　学校の宿題も、すべてが自分の役に立つわけではない。志望校の受験に必要のない科目の宿題、明らかにレベルが高すぎる宿題、出しっぱなしで解説してくれない宿題。まったく意味がない。

　そこで、一度、学校の宿題を自分にとって本当に必要か、役に立っているか、という視点で仕分けしてみよう。

☑ "強制力"を活用して時間を節約！

　宿題の中には、もちろん自分に役に立つものもある。模試の基本問題をポロポロ落とす人にとって、教科書レベルの基礎を鍛えてくれる宿題の優先順位はかなり高い。

　英単語や古文文法など、入試でかならず必要な"暗記モノ"の宿題も、積極的に取り組んでおいて損はない。

　しかし、どう考えても意味がない宿題に関しては、"やっつけ勉強"で手を抜くかバッサリ切り捨てるか、どちらかにする。やっつけ勉強で乗り切る場合は、キッチリと"お尻の時間"を決めて取り組むのがミソだ。

　1日のうちでは「自分のための受験勉強」の後に組み込む。就寝までそんなに時間はない。最後は録画したテレビをゆっくり鑑賞したい。となれば、必然的に"やっつけ"にならざるを得ない。

　学校の宿題には、ある種独特の"強制力"がある。無意味だとわかっていても、やらないとなんとなく後ろめたい。そのくせ、やる気がないからダラダラして時間ばかりかかってしまう。

　そこで"やっつけ型"の宿題は、時間延長できない時間帯に設定する。 就寝前もそうだが、夕飯を区切りとして、それまでに片づけるのもいい。学校の宿題の強制力を活用し、"締切り効果"で要領よくやっつけることで、また新たな時間を生み出せる。

ズバッと解決！

受験計画 FAQ

よくある質問④ 学校の勉強編

Q 数学の宿題が終わらない

　数学の宿題（傍用問題集）に時間がかかり、いつも終わりません。授業を聞いてもよく理解できないし、数学は捨てようかとも……。何かいい解決法はないでしょうか。（高2）

A 親切な解答の参考書で!

　傍用問題集は略解しか載っていないので、なぜそういう答えになるのかがわからない。長時間考えてもわからないのはツラい。それで実力がつくわけでもなく、実際には時間のムダである。

　だったら、解答が親切な参考書で勉強したほうが、確実に力になる。教科書レベルでは『高校これでわかる数学』シリーズ（文英堂）や『初めから始める数学』シリーズ（マセマ）がオススメだ。

　授業では、公式・定理の証明に力を入れる教師が多く、ここが一番わかりにくい。ただ、証明が理解できなくても、教科書の例題と練習問題を自力で解けるようになれば、数学の基礎学力がひと通り身につく。具体的な方法は、拙著『苦手でもあきらめない数学』（瀬谷出版）に詳しく書いたので参考にしてほしい。数研出版の「青チャート」（『チャート式基礎からの数学』シリーズ）を使っている人は、『数学は暗記だ！』（ブックマン社）にもぜひ目を通してほしい。

　数学をあきらめる前に、勉強法を変えてみよう。

Q 予習に時間がかかりすぎる

授業の予習に時間がかかって、ほかの勉強ができません。効率のいい予習法があれば教えてください。（高1）

A 予習時間削減の"実験"を!

まだ習っていない範囲の予習は、わからないことを調べるだけでもかなりの時間がかかる。ただ、予習した範囲は、どのみち授業で詳しく説明してくれる。細かいことにこだわらず、予習範囲をざっと通して「わかること」と「わからないこと」を区別しておくだけでも十分だろう。

それよりも、授業が終わったあとの復習に力を入れたい。復習は一度習った範囲を見直す勉強なので、予習に比べて時間がかからず、知識の定着の面でも予習より優れている。

今まで予習に1時間かかっていたら、それを20分で切り上げ、授業後の復習に30分程度をつぎ込むほうが、効率的な勉強ができるはずだ。予習時間を減らして復習を重視する"実験"をして、それまでのやり方と効果を比べてみてほしい。

英語では、教科書の英文を訳す予習に時間がかかる。教科書の英文を手書きでノートに写すように指示する教師もいるが、英文をコピーしてノートに貼れば、書き写す時間（機械的に写すだけなら時間のムダ）を削減できる。

その他、ノートの取り方を工夫することでも、予習や復習の時間を削減できる。これに関しては、拙著『和田式・書きなぐりノート術』（学研）が参考になるだろう。

Strategic Planning

TACTICS 23
勉強以外のルーチンを先に片づけて身軽になっておく

ストレスをためない1日計画

☑ "面倒なルーチン"は勉強前に！

　1日のノルマを消化し、時計を見ると午後11時。ひと息つきたいが、まだやることが残っている。お風呂に入って、明日の学校の支度をして、部活のホームページを更新して……。

　1日の終わりは気分よく締めたいものだ。「よし、今日も順調に進んだ」と達成感を味わって終えたい。身も心も軽くなって、寝るまでの時間を自由に過ごしたい。

　ところが、勉強が終わっても、まだやることが残っていると思うとテンションが下がる。残った"仕事"をダラダラやっているうちに、だんだん気が滅入ってくる。

　1日の最後は、肩の荷を下ろして明日への鋭気を養う"リセットタイム"だ。気持ちよく過ごすか、ストレスがたまった状態で過ごすかで、明日のモチベーションも違ってくる。

　理想的なのは、**その日の勉強を終えた段階で、「もう何もやることがない状態」にしておく**ことだ。

　あまり意識していないかもしれないが、日々の生活の中で、勉強以外のルーチン（日課）はけっこうある。食事や風呂を除いても、学校の支度、着替えの準備、身の回りの片づけ等々……。

　こうした、"ちょっと面倒に感じるルーチン"は、その日の勉強をスタートさせる前に、一気に片づけてしまうといい。

☑ 気分転換ルーチンには家の手伝い

　勉強すると疲れる。運動しているわけでもないのに、なぜ疲れるのか、不思議に思う人もいるだろう。それは、脳が大量のエネルギーを消費しているからだ。

　人間が消費する全エネルギーのうち、脳ではその約20パーセントを消費していると言われる。なんと、筋肉とほぼ同じ割合だ。

　これは平常時の値で、仕事や勉強で脳の活動がピークに達したときは、50パーセントに達するという研究報告もある。頑張って勉強すれば、それだけ疲れるのは当然なのだ。

　だから、休息や気分転換が必要になる。勉強の合間の10分、15分で疲れた頭を休め、次の勉強に向けてリセットする。

　ただ、ゲームやスマホに走ると「やめられない・止まらない」状態になることが多い。そこで、身体を動かす"家の手伝い"を勉強の合間のルーチンに組み込むといい。

　風呂の掃除、食器ふき、自分の洗濯物のたたみ、靴磨きなど、家事労働のルーチンには、**適度に身体を動かしながら、短時間で終えられる**ものが多い。

　疲れた頭を休め、適度な運動でリフレッシュするには、絶好の気分転換ルーチンになる。家族にも喜ばれるし、小遣いの増額要求もしやすくなる。一石二鳥、一石三鳥の気分転換だ。

［CHAPTER3］勉強効率を高める！　計画作成のテクニック

Strategic Planning

TACTICS 24 休みの日は午前中にノルマを片づけてからダラダラする

「脱・サザエさん症候群」計画

☑ 休日こそ"先憂後楽"を実践!

　日曜日や祝日など、部活などで学校に行く用事がない日は、1日を自由に使える。寝坊するのも自由、ダラダラとテレビを見るのも自由、たっぷり時間があるから勉強も進められる。

　だが、このうち実行するのは、寝坊とダラダラだけ。結局、何をするでもなく、あっと言う間に夕方になってしまう。

　日曜日ならテレビで「笑点」、続けて「サザエさん」を見るのが定番だろう。「サザエさん」のエンディング・テーマを聞いているうちに気分が沈んできてため息が出てくる。

　「ふぅ、明日から学校か…結局何もできなかった…はぁ」

　日曜日の夜、こんな風に重い気分になることが、いつからか「サザエさん症候群」と命名され広まった。

　だが、これからは"脱・サザエさん"だ。テレビを見るな、というのではない。「サザエさん」が始まるまでに、その日のノルマを終わらせてしまうのだ。そうすれば充実感が憂うつ感に勝つ。

　それには**午前中の活用**がポイントになる。寝坊をしたいのはやまやまだが、ここは頑張ってせめて8時半までに起きる。**9時から昼食までの約3時間、90分×2コマを組み込める。**

　日曜日ならその週の復習を、ここで一気にやってしまおう。ウィークデーの祝日なら、ここでその日のノルマを消化する。

図解 日曜日の1日計画（例）

| 9:00〜12:45
15分休憩を挟んで90分×2 | 12:45〜17:00
昼食後フリー | 90分
1コマ | 18:30〜23:30
夕食後フリー
気分が乗れば勉強！ | 睡眠 |

```
8    10   12   14   16   18   20   22   24(時)
起        勉        自        勉        自        就
床        強        由        強        由        寝
・
朝
食
```

☑ 気分次第で第2部、第3部に突入！

　休日の午前中・第1部でノルマを片づけると、気持ちが相当ラクになる。昼飯を食べたあとは、昼寝するもよし、ゲームに興じるのもよし、友人と連絡を取って遊びに出かけるもよし。

　午後からは、普段やりたくてもできなかったことをやって、ストレスを発散させよう。今日のノルマは終わっているので、誰に遠慮することなく好きなことができる。

　ダラダラするのに飽きたら、夕食の時間まで、明日のノルマを先取りして"貯金"を作っておく。休日勉強第2部スタートだ。

　特に、週間計画表で明日からの1週間が「T」（きつい週）になっている場合、週間ノルマが少なくても、気持ちに余裕がないためにうまく進まないことも予想される。

　「今日のノルマはすべて終えた」

　「明日のノルマの先取りまでできた」

　もうこれで十分だろう。「サザエさん」を見終わっても重い気分にならない。"脱・サザエさん"成功だ。

　ただ、こうなると気分が乗ってきて、夕飯後もちょっと勉強しておきたくなるかもしれない。それなら第3部に突入だ。

　午前中に勉強をすませる効用は、**時間を持て余すのがもったいなく感じ、勉強に目が向きやすくなる**ことにもある。

Strategic Planning

TACTICS 25 「1コマ90分」を勉強時間の基本単位に1日計画を考える

量・スピード重視の受験計画

☑「1コマ90分」を経験してみる

　以前お話ししたように、「勉強は時間でなく量でするもの」である。だからこそ、受験計画では「1週間で30ページ」「1日4題」のように**"量単位"でノルマを設定する**。

　"勉強慣れ"をしている人は、量と時間の関係をある程度正確に予測できる。「この参考書なら1か月で仕上がる。1日1コマ90分で2章ずつ進めていけば大丈夫だろう」などと、1日当たりの勉強時間まで見積もることができる。

　勉強グセがついていない人は、そのあたりがよくわからない。とりあえず学校の時間割を基準に、「1コマ45分」くらいでと考えて計画を立てている人もいるだろう。

　受験勉強で大切なのは、量とスピードだ。現時点の実力と志望校のレベルにもよるが、**学校の進度の倍のペース**を目安にしたい。すなわち、「1コマ90分」を勉強時間の単位と考える。

　慣れないうちは、90分間集中力を持続させるのは大変かもしれない。しかし、入試では90分を制限時間とする試験も多い。今のうちから慣れておかないと、本番で十分に力を発揮できない。

　経験したことのない人は、「1コマ90分勉強」を実際に体験してみよう。意外に集中して取り組めることがわかれば、「1コマ90分」を軸に1日計画を組み立てればいい。

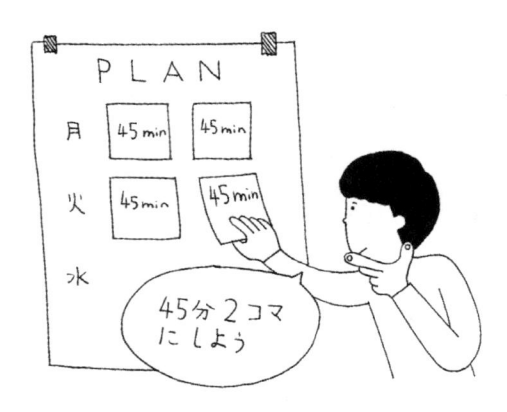

☑《1コマ45分×2》で慣れを作る

　「1コマ90分」を体験してみて、「かなりしんどい」「最初の40分で失速した」という人は、いきなり無理をすることはない。
　まずは自分の集中力が続く時間を基本にコマを組み、2コマ、あるいは3コマかけてその日のノルマを消化する。
　ただ、あまりコマを細分化すると、集中力を持続させる訓練にならないので、せめて2分割にとどめたい。つまり、「1コマ90分」を2分割（前半45分・休憩10分・後半45分）して、慣れてきたら"ハーフタイム"の休憩を削る、という方法だ。
　ちなみに言うと、「1コマ90分」の勉強枠は、あくまでも目安にすぎない。古文や英文法の問題集なら、「1コマ60分」程度がちょうどいいかもしれない。
　また、忙しい週で「1コマ90分」を確保できないときは、45分、60分のコマ時間にして、通常よりも進行ペースを落とす。そのあたりは、**実践しながら柔軟に対応**していこう。
　「1コマ90分」の単位は、中・長期の受験計画の見通しを立てやすくするメリットもある。詳しくはCHAPTER5でお話しするが、入試までに残された時間を「1日3時間＝90分×2コマ」もしくは「1日4.5時間＝90分×3コマ」で割ると、「入試までにどのくらい頑張る必要があるか」が"実感ベース"でイメージできる。

TACTICS 26

細かい日課表は不要、その場で柔軟に対応する能力を身につけよう！

柔軟な対応力・修正能力を養う

Strategic Planning

☑ 計画に振り回されないために

　CHAPTER2では、月間計画とそれに連動する週間計画を、かなりカチッとした表にまとめた。1日の計画に関しても、時間割やノルマ、休憩時間、他のルーチンなど、分単位で刻んだような細かいスケジュール表を想像する人もいるだろう。

　しかし、その必要はない。和田式の月間計画表と週間計画表の2枚を手元に用意しておき、**その日のスケジュールは大雑把に頭の中で組み立てておく**だけでも十分だ。

　もちろん、細かい日課表を作らないとやる気が出ない人は、自作してもいい。しかし、毎日、あるいは数日おきにそれを作るとしたら、その時間がもったいない。

　計画作りには、ある種の"魔力"がある。「計画表を作っただけで満足してしまう」「計画がちょっと狂うと、また1から作り直さずにはいられない」……。意外にありがちなケースだ。

　自分の作った計画に縛られ、計画に振り回されるのは本末転倒である。そもそも「その通りにはいかない」ことを想定して計画を立て、問題があれば柔軟に変更していこう。

　特に1日のスケジュールでは、その日の体調なども含めて、事前に予測できないことが多い。細かい日課表を作ってそれに縛られてしまうと、柔軟に対応・修正できなくなる恐れがある。

図解 週間計画表と反省メモ

（水）	16	17	18	⊠	⊠	⊠	87
成率							

▲週間計画表の勉強履歴

- ・△が多い→勉強がザツになっている
- ・夕食後は眠い→数学は夕食前に！
- ・ノルマ達成より、理解・定着を重視！

▲その日の反省メモ

☑ 時間をかけるなら計画より履歴

　その日消化すべきノルマは、「和田式・週間計画表」（66ページ参照）を手元に置いておけばわかる。終わったノルマに消し線を入れていけば、そのまま「勉強履歴」として残る。

　ノルマに取り組む順番や時間帯も、最初のうちはいろいろ変えてみて、自分にとって一番しっくりきたところで固定する。固定したあとも、気分によって順番を変えてかまわない。

　以前紹介した"付せんペタペタ"（20ページ参照）が気に入った人は、それを実践すればいい。ただ、時間をかけるとしてもせいぜいその程度にとどめる。

　日課表を作る時間があれば、それを「勉強履歴」に回したほうが建設的だ。その日やったことを振り返り、反省点・修正点を引き出して翌日以降の勉強に活かす。

　頭の中だけで反省したことは忘れやすい。人間の脳には、イヤなことや自分に都合の悪いことを、意識から締め出すようなメカニズムが備わっているからだ。だから、しっかり書き留める。**書くことによって頭が整理され、修正点も見えやすくなる。**

　巻末付録の「和田式・週間計画表」は、勉強履歴としての機能も持たせてある。ノルマの消化状況を見ながら問題点を探り、反省点と修正点をメモ用紙に書いて机の前に貼っておこう。

[CHAPTER3] 勉強効率を高める！　計画作成のテクニック

Strategic Planning

TACTICS 27 集中力を高め効率よく勉強をこなすルーチンの工夫

集中力を高めるルーチン設定

☑ 勉強前の単純作業が脳を活性化！

「百ます計算」をご存じだろうか（右図参照）。0から9までの数字を足したり引いたりかけたりしてマスを埋め、そのスピードを測定しながら計算力を鍛える練習ドリルの一種である。

これは、計算力向上に役立つだけではない。ある小学校で授業前に百ます計算をやらせたところ、やらせなかったときと比べて理解力や記憶力の向上が見られた。

その後の脳科学の研究では、百ます計算によって脳の「前頭前野」（思考や記憶を司る部位）が活性化されることが実証されている。漢字の書き取りなども同様の効果があり、要は、最初に"脳を温める"ことで、勉強の能率がアップするのである。

これは、受験勉強にもそのまま活用できる。勉強をスタートする前に10分程度の"アイドリング時間"を設定しておくのだ。

その10分間に、計算練習や英文の音読（昨日の復習）など、**短時間でできる"単純作業"をセッティング**する。

もちろん、百ます計算もオススメだ。高校の数学や化学などで使う数値計算も、基本は単純な四則演算だ。計算スピードが向上し、ケアレスミスも減らせる。やっておいて損することはない。

☑ スマホの使用時間帯を制限する

　勉強前の"単純作業"のセッティングと合わせて考えておきたいのが、勉強の集中力を落とす要因の排除だ。
　その筆頭に挙がるのがスマホだろう。電源をオフにせず手の届くところに置いておくと、まず勉強に集中できない。ラインの着信が入ると、条件反射的に手が伸びてしまう。返信すると、間髪を置かずにまた返事が入る……。
　「即レスしないと、どう思われるか不安」「仲間外れにされるのがこわいので放っておけない」……。気持ちはわからなくもないが、こうなると一種の依存症のようなものだ。
　一番いいのは、**勉強中はスマホの電源を切って親に預ける**か、**勉強部屋から一番遠い部屋で充電状態にしておく**ことだ。
　スマホの使用時間帯をあらかじめ決め、そのときだけスマホに触れるように家族にも協力してもらう。そのくらいしないと、なかなか"スマホ離れ"はできない。
　SNS仲間には、前もって「この時間帯は勉強中だから、悪いけど返信できない」と告げておくのもいい。本当の友人なら、正直に言えば理解してくれるはずだ（言わずに隠そうとすると態度が不自然になり、かえって変に思われてしまう）。あとは相手次第、少なくともキミは、間違ったことを何1つしていない。

[CHAPTER3] 勉強効率を高める！　計画作成のテクニック

受験計画 FAQ

よくある質問⑤ 1日計画編

Q 部活で勉強時間が取れない

部活をやっていて、帰宅が毎日夜8時を過ぎます。部活を引退するまで、頑張っても1日2時間程度しか勉強できず、さすがに不安です。時間を上手に使うコツを教えてください。(高2)

A 勉強の密度を上げよう!

部活と受験勉強を両立させて受かった人に共通するのは、家での勉強時間が十分確保できない代わりに、ちょっとしたスキマ時間を見つけ出して上手に活用している点だ(TACTICS21)。

帰宅後の勉強も、やるべきことを絞り込んで、短時間で効果の上がる復習を中心に、密度の濃い勉強を心がけたい。高2生であれば、やはり英語と数学がメインになる。

授業より先の範囲を参考書で自学自習するのは、どうしても時間がかかる。基本的には、授業で終わった範囲を確実に固めながら、やや発展的な問題を解けるようにする演習を、解説の詳しい参考書を使って進めておくといいだろう。

部活を引退する高3の1学期くらいまでに、英語と数学の基礎学力をしっかり固めておくと、その後、本格的な受験モードに突入したときに効率よく勉強を進められる。あまり焦らず、今できることを確実に消化し、しっかり定着させることに専念しよう。

Q アルバイトで勉強がキツい

家計が苦しいため、バイト（週4回）をしながら国公立大学を目指しています。バイトがハードなので疲れて勉強できない日が多いのと、まとまった勉強時間が取れないのが悩みです。（高3）

A 浪人も視野に入れた計画で

根本的なことを言うと、キミがバイトでどれくらい稼ぐ必要があるのか、そもそもバイトをやらないと家計が成り立たないのか、親に相談してみるといい。大学に行って勉強したい気持ちを真剣に伝えれば、親もできる限りの援助はしてくれるはずだ。

学校に通いながらバイトを続けるとなると、まとまった勉強時間が取れないのも無理はない。身体を壊しては元も子もない。バイトの回数を減らせないか、あるいは時給が多少低くてもハードでないバイトに替えられないかも、合わせて検討してみてほしい。

バイトの回数を減らせず、勉強時間の確保が厳しい場合は、浪人を前提とした受験計画を考えるのが現実的だろう。学校を卒業した後は、まとまった勉強時間を確保できるようにバイトを最低限に抑え、志望校に照準を絞って効率よく勉強していく。

卒業するまでは、英語と数学の基礎を固めることに専念する。学校の授業にもしっかり食いついて、受験科目に関しては教科書レベルの知識をひと通り押さえておこう。

浪人してからの勉強を効率よく進めるための土台を作っておけば、残りの1年間で難関国公立に受かる実力を養うことは十分に可能だ。

Strategic Planning

TACTICS 28 残りの範囲の状況をチェックしてから日々の勉強を進める

先を見通しながら取り組む

☑ ノルマの進行イメージを思い描く

　受験計画に修正はつきものだ。最初は「これならいけそう」と思った計画も、なかなか思い通りに進まないこともある。

　それも経験だ。やってみてうまくいかなければ、計画を修正すればいい。勉強時間を増やして対応するか、ノルマを減らす方向で考えるか、参考書を代えるか……。修正方法はいくつもある。

　ただ、1〜2週間は当初の計画に沿って頑張ってみよう。1日か2日やっただけで、「やっぱりこれではダメだ」とすぐにあきらめて見切りをつけないほうがいい。

　たとえば、今取り組んでいる範囲がたまたまむずかしい単元に差しかかっているだけで、ここを乗り切れば意外にスムースにいくかもしれない。だとすれば、あわてて修正することはない。

　計画を実行するにあたっては、**「先を見通す」**ことが大切だ。ジグソーパズルと同じで、"完成図"を知らないままピース（断片）だけをいじっていても埒があかない。

　先を見通すと言っても、むずかしいことは要求しない。

　まず、月間計画表を手元に置き、その月に進む参考書の範囲を順番にパラパラと見る。そして、「2週目の数学の範囲は手ごわそう」とか「後半は英文が長くなるので時間がかかるかも」など、その程度でもいいので、今後の進行イメージを思い描く。

図解 月間計画表に"道標"を！

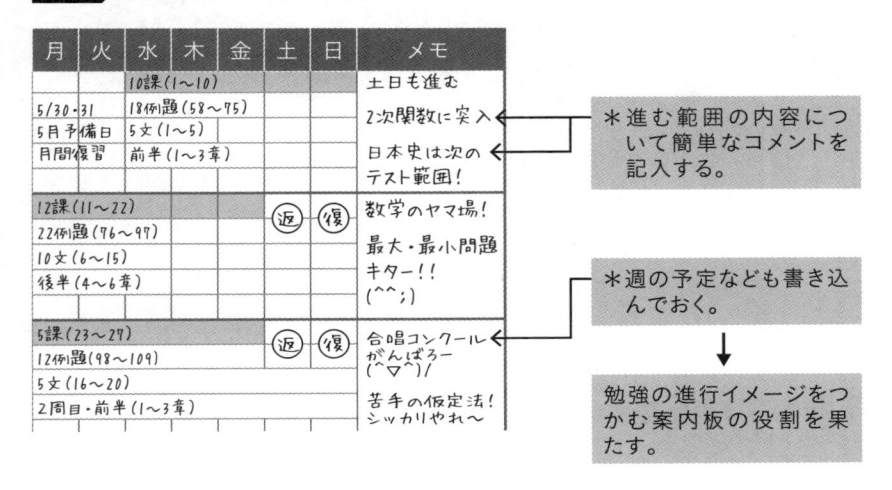

月	火	水	木	金	土	日	メモ
	10課(1〜10)						土日も進む
5/30・31	18例題(58〜75)						2次関数に突入 ←
5月予備日	5文(1〜5)						日本史は次の ←
月間復習	前半(1〜3章)						テスト範囲！
12課(11〜22)					返	復	数学のヤマ場！
22例題(76〜97)							最大・最小問題
10文(6〜15)							キター！！
後半(4〜6章)							(^^;)
5課(23〜27)					返	復	合唱コンクール
12例題(98〜109)							がんばろー
5文(16〜20)							(^▽^)/
2周目・前半(1〜3章)							苦手の仮定法！シッカリやれ〜

＊進む範囲の内容について簡単なコメントを記入する。

＊週の予定なども書き込んでおく。
↓
勉強の進行イメージをつかむ案内板の役割を果たす。

☑ 月間計画表に"案内板"を立てる！

　まだ登ったことのない山に登るとき、道標を見ると安心する。
「この先急斜面に注意」（そうか、気をつけよう）
「頂上まであと800m」（よし、あとひと踏ん張り！）
　ノルマを消化するときも、こうした道標があると安心して課題に取り組めるし、元気が出てくる。
　そこで、**月間計画表のメモ欄**を活用してほしい。参考書のこの後取り組む範囲をざっと見て思い描いたイメージを、メモ欄に書き込んでおくのだ（上図参照）。
　まだやっていない範囲なので、詳しく書く必要はない。
「折り返し地点！」「三角関数に突入（ ˆ ˆ;)」
「ここから江戸時代」「ラストスパート！」
　こんな"案内板"でも、十分励みになる。

Strategic Planning

TACTICS 29 調子のいい日はその場で予定を変更してノルマを先取り

好調時に"貯金"を作っておく

☑ 乗っているときの"延長戦"はアリ!

　毎日勉強をしていると、最初はむずかしく感じた参考書がそれほどでもなくなり、ペースも徐々に上がってくる。

　その日のノルマが思いのほか早く終われば、もちろん勉強を切り上げて好きにしていい。これも頑張ったごほうびだ。しかし、せっかく調子がいいのにもったいない気もする……。

　そんなときは、予定を繰り上げて、明日のノルマをすこしでも先取りしておこう。乗っているときは"貯金"を作るチャンスだ。普段の2割増し、3割増しの効率でノルマを消化できる。

　調子がいい日は、普通、そう何日も続かない。"貯金"はできるときにしておく。そうでないと、逆に調子を落としたときの"やりくり"が大変になる。

　計画は柔軟に変更してかまわない。1日の計画を細かく立てすぎないのも、**好不調の波があることを想定して、それに柔軟に対応するためだ**（TACTICS26 参照）。

　ただし、睡眠時間を削ってまでの深追いは禁物だ。睡眠不足で生活リズムを壊しては元も子もない。"貯金"ができたという安心感から気が緩み、翌日から急にペースが落ちることも多い。

　「1題でも先に進んでおければ儲け物」、くらいの気楽な気持ちで取り組むといいだろう。

図解 予定変更も計画表に記す

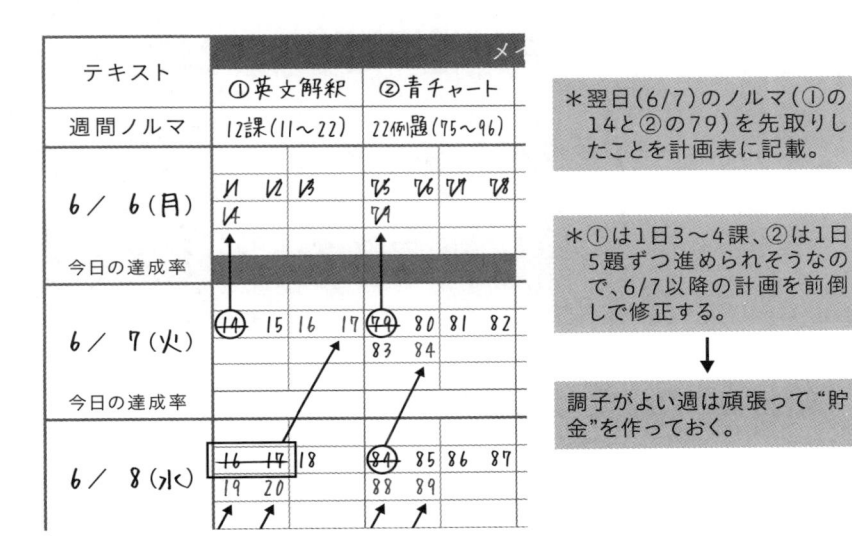

テキスト	①英文解釈	②青チャート
週間ノルマ	12課(11〜22)	22例題(75〜96)
6/6(月)	11 12 13 14	75 76 77 78 79
今日の達成率		
6/7(火)	⑭ 15 16 17	㊸ 80 81 82 83 84
今日の達成率		
6/8(水)	16 17 18 19 20	㊽ 85 86 87 88 89

＊翌日(6/7)のノルマ(①の14と②の79)を先取りしたことを計画表に記載。

＊①は1日3〜4課、②は1日5題ずつ進められそうなので、6/7以降の計画を前倒しで修正する。

↓

調子がよい週は頑張って"貯金"を作っておく。

☑ スランプは復習中心で乗り切る!

　調子がいい日があれば、調子が悪い日もある。いったん調子を崩すと、立ち直るのにしばらくかかることもある。**無理をしたり焦ったりすると、逆に深みにはまる**ことがあるので厄介だ。

　好調期にためた"貯金"が、こういうときに役立つ。「スランプかな?」と思ったときは、「進む勉強」のペースを落とす、あるいはいったんストップして、復習中心の勉強に切り替えよう。

　復習は一度やったこと思い出して定着させる勉強なので、それほど時間もかからず、精神的な負担も少ない。受験計画で大切なのは、達成率よりも定着率だ(TACTICS17参照)。

　復習で忘れていることが見つかったら、ラッキーと考えよう。それが穴になってうまく進まなかった可能性もある。

　遅れた分は、調子が戻ってから取り返せばいい。

[CHAPTER3] 勉強効率を高める! 計画作成のテクニック

Strategic Planning

TACTICS 30
飛ばした課題は週間計画表に目立つ印をつけておく

柔軟性のある計画を立てる

☑ "飛ばし"のツケはあとでくる！

　勉強をしていると、わからない、解けない問題がかならず出てくる。悔しいというより、「自分ってダメだなぁ」と落ち込む人もいるだろう。だが、そんなことでヘコむことはない。

　受験勉強は「わからない」を「わかる」に、「解けない」を「解ける」に変える作業だ。解けそうな問題ばかり選んで解いて、「よし、解けた！」と喜んでも、まったく実力がつかない。

　解けない問題があったときは、いったん飛ばして先に進むのが賢明だ。ただし、**そのまま放置するのは厳禁！**

　数学のように、知識を順番に積み上げながら、より応用・発展的な内容に踏み込む教科は特にそうだ。何題か飛ばして先に進むと、それ以降の問題がサッパリ解けなくなることが多い。

　だから、**飛ばした問題は、できるだけ早い段階で潰す**。翌日、学校で**教師や友人に聞いて解決する**のが原則。金曜日の勉強で飛ばした問題は仕方ないので月曜日、中2日で解決する。

　人間の心には、不快なことを避けようとするメカニズムが備わっている。飛ばした問題は「なかったこと」にしようとする。

　それを防ぐために、週間計画表の該当ノルマに「飛ばし」を意味する記号を赤で書き込んでおこう。参考書のその問題のページにも付せんを貼っておく。こうすればイヤでも忘れない。

図解 "飛ばし問題"にマーキング

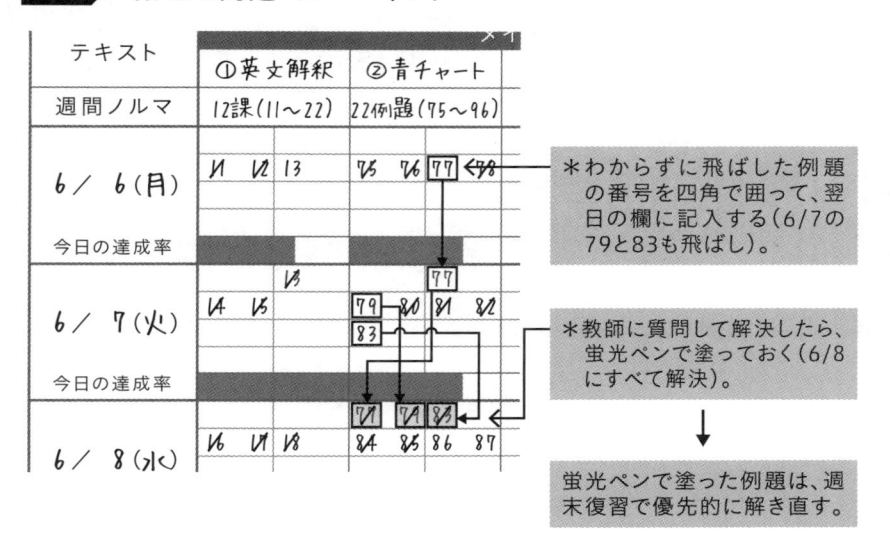

テキスト	①英文解釈	②青チャート
週間ノルマ	12課(11〜22)	22例題(75〜96)
6/6(月)	11 12 13	75 76 77 ←78
今日の達成率		
6/7(火)	13 14 15	77 79 80 81 82 83
今日の達成率		
6/8(水)	16 17 18	77 79 83 84 85 86 87

＊わからずに飛ばした例題の番号を四角で囲って、翌日の欄に記入する(6/7の79と83も飛ばし)。

＊教師に質問して解決したら、蛍光ペンで塗っておく(6/8にすべて解決)。

↓

蛍光ペンで塗った例題は、週末復習で優先的に解き直す。

☑ "連続飛ばし"は危険信号!

　飛ばした問題が1題あり、その後の問題からは普通に理解できたり解けたりする場合、たまたま問題を読み違えていたり、ちょっとしたカン違いが原因だったりすることも多い。

　しかし、わからない、解けない問題が2題、3題、4題と連続するときは危険信号だ。一連の問題を解くために必要な基本的な知識が、スッポリ抜けている可能性が高い。

　勉強履歴をきちんとつけていれば、危険信号を見逃すことはない。当然、何題であろうが教師に質問してすべて解決する。

　基本的なことがわかっていないと、教師の説明を理解できないこともあるが、**しつこく聞いて基礎から教え直してもらうのが一番確実だ**。それでも埒があかない場合は、解説が詳しく、やさしい参考書を使ってその範囲を洗い直そう。

[CHAPTER3] 勉強効率を高める! 計画作成のテクニック

Strategic Planning

TACTICS 31 軌道に乗って余裕が出てきたら週間ノルマを1割増し

パフォーマンスの最適化計画

☑ 徐々に負荷をかけて能力アップ！

　最初のうち手こずっていた課題も、勉強習慣が身について慣れてくると、思いのほかサクサクこなせるようになる。明らかにパフォーマンス（能力、性能）が上がっている証拠だ。

　プロのスポーツ選手が筋力トレーニングをする場合、トレーナーの指導のもと、最初は緩めのメニューから入って、すこしずつ負荷をかけていく。鍛えたい部分の筋肉を強化するには、一定以上の負荷をかける必要があるからだ。

　受験勉強も同じで、「余裕でノルマを消化できる」状態のとき、脳はそのパフォーマンスをまだ十分に発揮していない。

　そこで、ノルマの量を「**ちょっときつく感じるけど、なんとか消化できる**」くらいになるまで、すこしずつ増やしていく。

　週間ノルマの量では「1割増し」を目安にするといい。たとえば「1週間20例題」を楽勝でこなせるなら、次の週は1割増しの「1週間22例題」にする。それでもまだ余裕があるようなら、翌週はさらに2〜3題追加して様子を見る。

　ただし、いきなりノルマを増やすのは危険なので注意。「これくらい楽勝だろう」と思って、一気にノルマの量を3割増し、5割増しにすると、さすがに脳もパンクする。

　徐々に、ゆるやかに負荷をかけていくのがポイントだ。

☑ 勉強法の工夫で効率アップ！

　ノルマ量を徐々に増やす「パフォーマンス最適化計画」の実践にあたって、ほかに注意してほしい点が2つある。

　1つは、**毎日勉強する習慣が身についていないうちは、安易にノルマを増やさない**ことである。勉強習慣を身につける段階では、できるだけ勉強がイヤにならないようにすることが大切だ。

　最低でも1か月間、毎日一定の量のノルマをこなせるようになってから、ノルマを増やしていこう。

　もう1つは、"限界点"をしっかりと見きわめることだ。すでにパフォーマンスが最大限に発揮された状態になっているときは、これ以上無理をしない。「今でもノルマを消化するのにあっぷあっぷの状態」の人が該当する。

　受験計画の実行段階では、「自分の限界」を知っておくことも大切だ。**このまま継続するのが無理だと思ったら、逆にノルマを減らしてペースダウンしたほうがいい。**

　脳の潜在的な性能を引き出す以外に、勉強法を工夫・改善することで勉強効率を高めることもできる。

　たとえば、今まで2時間かけてこなしていた課題を、やり方を変えて要領よくこなせば1時間で消化できることもある。いたずらにノルマを増やす前に、「要領よく」も追求してみよう。

CHAPTER
4

確実に結果を出す!
計画作成のセオリー

「残す勉強」をしっかり実践しよう!

CHAPTER 4 の はじめに
やったことを確実に残す 和田式・受験計画の真髄!

☑「定着率向上」を徹底追求する!

　1日のノルマ、1週間のノルマが順調に消化できているときは、とても気分がいい。ただ、調子がよいときにこそ、気をつけなければならないことがある。

　CHAPTER2でもすこし触れたが、ノルマの達成率ばかり気にしていると、「勉強したことがどれだけ身についているか」の定着率に目が向きにくくなる。これが危ない。

　受験勉強は、「**やった時間**」よりも「**こなした量**」**が大切**、ということはすでにお話しした。実はこの後に、「**こなした量**」よりも「**残せた量**」**が決定的に重要**、という言葉が続く。

　1時間で参考書を20ページ進めた人が、1週間後にテストしたら5ページ分しか覚えていなかったとする。定着率で考えると「単位時間あたり5ページ分を残せた」ことになる。

　もう一人は、「1時間で10ページしか進めなかったが、1週間後にテストしたら8ページ分覚えていた」としよう。この人の場合は「単位時間あたり8ページ分を残せた」ことになる。もしテストが本番の試験だったとすると、どちらが勝つかは明白だ。

　和田式・受験計画は、週間復習日や月間復習日をあらかじめ組み込んだ"復習重視"の設計になっている。これで問題がなければいいが、調子の良し悪しや勉強の内容によっては、思ったほど定着率が上がらないことがあるかもしれない。

　そうしたケースも想定して、CHAPTER4では復習重視、定着重視をさらに徹底させるアイデアやノウハウを紹介していきたい。

☑ 自分に合った計画にカスタマイズ

　定着率を上げるには、大きく2つの方策がある。1つは、**復習の回数を増やす**ことだ。ただ回数を増やすだけでなく、復習のタイミングも重要になる。

　どのくらいの間隔を空けて復習すると、記憶の定着に効果があるかは、科学的な実験データで明らかになっている。こうした根拠や多くの合格者の経験にもとづいて、効果的な復習法を計画にどう織り込めばいいのかを、詳しくアドバイスしていきたい。

　定着率を上げるもう1つの方策は、**テスト形式の問題を解く機会を増やす**ことである。実戦形式の問題を解く（もしくは解き直す）ことで記憶の定着率が上がることも科学的に実証されている。

　その観点から、実戦形式の問題を解く模試や学校の定期テストを、定着率を上げる"道具"としてもっと積極的に使っていきたい。この章では、その具体的な活用プランについても触れよう。

　当初は「いつまでに、何をやるか」を簡潔に示す指針にすぎなかった受験計画も、この段階までくると、さまざまな修正や改変が施され、自分にフィットしたものに形を変えていく。

　勉強法や復習法に"ただ1つの正解"はない。受験計画も同じで、最初は「これが最短ルート！」と思えても、受験勉強の経験値を上げていく中で、さらに近いルートが見つかることもある。

　そうしたときは、ためらわずに軌道修正をして、より自分に合った計画にカスタマイズしていこう。それを促すことも、この章を通じた大きなテーマである。

TACTICS 32 就寝前の10分、翌朝寝起きの15分を復習枠に設定!

Strategic Planning

復習・定着重視の1日計画

☑ 復習の最適タイミングを逃すな!

　定期テスト直前、苦労しながら必死に暗記した。でも、テストが終わったら、すっかり頭の中から抜け落ちている。必死に頑張って覚えたことも、忘れるのはあっと言う間だ。
　「あー、もったいない。もっと記憶力がよければなぁ」
　もったいないのは、たしかにそうだ。しかし、その後は違う。キミの記憶力が悪いわけではない。ノーベル賞を取った学者の記憶力もキミと同じようなものなのだ。
　英単語や年号のような単純暗記の場合、いったん覚えたことを復習しなければ、1時間後には56パーセント、1日後には74パーセントを忘れてしまうことが、実験で明らかにされている(エビングハウスの忘却曲線)。
　興味深いのは、実験結果に個人差がほとんどないことだ。つまり、アインシュタインでもキミでも、覚えたことを同じスピード、同じ割合で忘れていく。ちょっと自信を回復したかな?
　忘却を防ぐには、復習をするしかない。「**忘れそうなタイミングで見直しをする**」のが、記憶の保持には一番効果的だ。
　その日の夜に勉強したことは、就寝前にざっと見直す。翌朝起きてからまた復習する。これだけで、放っておけば忘れてしまうことの多くが記憶としてとどまる。

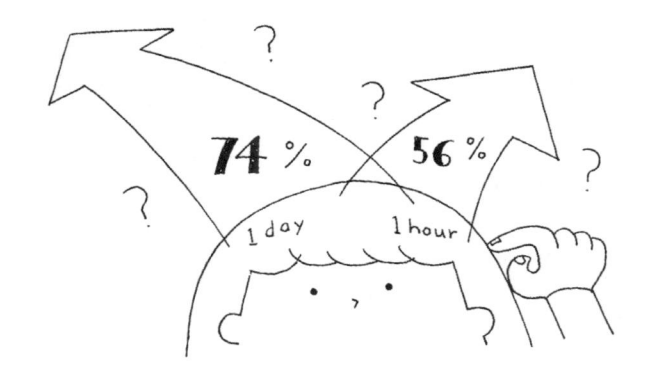

☑ 復習を計画に織り込んでいこう!

　和田式・受験計画では、週間復習日と月間復習日（「予備日」を活用）を設定する。記憶の実験データに照らすと、まさに「忘れそうなタイミング」に符合する頃合いだ。

　勉強習慣が身について多少余裕が出てきたら、もう少しスパンの短い復習を計画に織り込んでみよう。「就寝前の10分」と「翌朝寝起きの15分」の復習がそれである。

　短時間の復習なので、すべてを見直すことはできない。その日消化したノルマのうち、**不安な箇所や間違えた問題など、理解や記憶が曖昧になりそうなもの**に狙いを定める。

　簡単な問題なら解き直しをしてチェックするのが、一番確実な方法だ。それができなくても、問題を見て解答の流れを思い出してみるだけで効果がある。

　「10分」や「15分」を額面通りに受け止めることはない。5分でもいいし、20分でもかまわない。要は、そのくらいの時間は復習にあててほしい、という目安として考えてほしい。

　受験勉強は、最終的に「どこまで進んだか」ではなく「どれだけ定着させたか」の勝負だ。ノルマの達成率を上げると同時に、定着率も上げていかなければならない。そのために不可欠な復習を、上手に計画の中に盛り込めるようになろう。

Strategic Planning

TACTICS 33
1冊の参考書を3周させる予定で計画を立てる

定着率を高めるノルマ消化計画

☑ 1回ではなかなか定着しない!

　150ページ程度の参考書があったとする。全部で20章に分かれ、1章分6ページ、英文解釈の基本的なルール、考え方を説明する内容である。パラパラ見ると、知らないことがけっこうあり、覚えるべきことがそれなりに多い。

　キミだったら、この参考書をどう計画に組み込むだろうか。単純に考えると、1日1章ずつ進めていけば（月〜金の5日間）、4週間で全20章、1か月で仕上がる。「これで決まり!」

　なかなかいい感じだ。和田式・受験計画をかなり理解できている。

　ただし、1回で内容を完璧に定着させられるかと言うと、これがなかなかむずかしい。

　1か月後に仕上がったと思って、巻末にある確認テストを解いてみたら全然定着できていなかった、ということもあり得る。

　そこで、骨のある参考書に関しては2周、3周と繰り返して、**より定着率を高める消化プラン**を立ててみよう。冒頭の参考書（全20章、各章6ページ構成）を「6週間（1か月半）で3周」させるモデルプランを次ページに掲載しておく。

　1周目は、例外的に土日も「進む勉強」にあてている。期間を長めに取って3周させる予定なので、"借金返済日"や週間復習日をあえて設ける必要性が薄いからである。

図解 「6週間3周型」の消化計画

▼全20章の参考書1冊を6週間(約1か月半)で3周させるプラン

	月	火	水	木	金	土	日
1週目	1日1章×7日×3週間 ↓ 全20章分を終える(1周目)							
2週目								
3週目								
4週目	1日2章×5日×2週間 ↓ 2周目					土曜…借金返済日 日曜…週間復習日	
5週目								
6週目	1日4章×5日→3周目					土日で総復習	

☑ 2周目は2倍速、3周目は4倍速!

「6週間で3周」は、均一にならすと「2週間で1周」のペースになる。しかし、上のモデルプランではそうはなっていない。

1周目に「1日1章」ペース（土日含む）でじっくり取り組んだ後の2周目は、倍速の「1日2章」にペースを上げる。1回やったことの復習なので、解説を読んだり問題を解き直したりするスピードも当然速くなるからだ。

3周目には、さらに2周目の倍速スピードで進めていく。ここでは、2周目まで終えた段階で、まだ理解が不十分なところ、2回目の解き直しでも間違えたところを中心に復習を徹底させる。

この方式で進めると、1回で終わりにしたときに比べて、かなり定着率が上がる。**基礎固めの要となる参考書、重厚で密度の濃い参考書の消化プランを考える際の参考にしてほしい。**

TACTICS 34

進む範囲を広く取って何回も往復する"重ね塗り"消化プラン

ムダなく定着させるノルマ消化術

☑ 暗記系に有効な"重ね塗り方式"

　参考書には、いろいろなタイプがある。それぞれの特徴に合ったノルマ消化計画を立てて、定着効率を高めたい。

　英単語集や古文単語集のような"暗記モノ"、和田式・受験計画では「サブ」の位置付けとなる参考書の場合はどうだろう。

　「1日5単語ずつ覚える。10日で50単語、1か月で計150単語を暗記！」。このように、1日の暗記量を固定してノルマを消化する計画を立てる人も少なくない。

　もちろん、確実に定着できれば問題はない。だが、この手の"均等割方式"は、前半に取り組んだ単語の多くを忘れやすく、好不調の波による"暗記ムラ"もできやすい。

　そこで私がオススメするのは、**1回に進む範囲を広く取り、2回目、3回目……と何回も往復する**方式である。

　1か月で150単語を覚えたいときは、たとえば「1週間で50単語」をノルマとし、その範囲を2回、3回と塗り重ねるように反復して、覚え切れていない単語を潰していく。

　そうすると、3週間で150単語をひと通り網羅できる。さらに4週目は「1週間で150単語」をノルマに、同じように重ね塗り型の復習をする。ここまでくると、"塗り残し"もかなり少なくなっているので、スピードをつけてサクサクと消化できる。

図解 均等割方式 vs. 重ね塗り方式

(例) 英単語(No.1〜20)の暗記をする場合

▼「均等割方式」…毎日5例文ずつ覚えていく

| 単語番号 | 1 2 3 4 5
1日目 | 6 7 8 9 10
2日目 | 11 12 13 14 15
3日目 | 16 17 18 19 20
4日目 |

＊最初のほうほど忘れやすい。暗記ムラができやすい。

▼「重ね塗り方式」…1日20単語進み、同じ範囲を何度も復習する

単語番号 1 2 3 4 5 6 7 8 9 10 11 12 13 14 15 16 17 18 19 20
1日目 ──────────────────→
2日目 ──────────────────→
3日目 ──────────────────→
4日目 ──────────────────→

＊範囲を広く取って何回も復習することで、覚えていない単語をまんべんなく潰していく。効率的で暗記ムラが少ない。

☑ 教科書通読も"重ね塗り方式"！

"重ね塗り方式"は、「前半ほど忘れやすい」「暗記ムラができやすい」という"均等割方式"の欠点を補える。

この方式は、たとえば**日本史や世界史の教科書通読**にも応用できる。1回に読むページ数を多く取り、その範囲を何回か往復するのだ。歴史の流れがつかみやすくなり、効率よく暗記していける。

その応用形として、「1日目に1〜3章」「2日目に2〜4章」「3日目に3章〜5章」と、読む範囲をかぶせながら進める方式もある（右図参照）。

	1章	2章	3章	4章	5章	6章
1日目	──→					
2日目		──→				
3日目			──→			
4日目				──→		

応用範囲が広いので、工夫しながらいろいろ試してみよう。

ズバッと解決!

受験計画 FAQ

よくある質問⑥ 復習のやり方編

Q 長文読解の復習が大変!

英語長文の問題集を使っていますが、週末の復習で解き直しをすると、結局、最初と同じくらい時間がかかってしまいます。もうすこし効率的な復習方法はないでしょうか。（高3）

A 普段の勉強法の再考を!

最初に英文を読むときは、時間がかかっても仕方がない。しかし、英文中の不明点をきちんと潰しておけば、復習の読み直しでは、最初よりもずっと速く読めるようになる。問題の解き直しも、最初に取り組んだときに正解の根拠をきちんと理解できていれば、迷わずに解答を書けるはずだ。

復習に時間がかかるのは、普段の勉強のやり方が雑になっていることが原因と思われる。まずはそこから改善しよう。

たとえば、長文読解では、答え合わせをした後に英文の構造を1文ずつ丁寧に把握し、不明点がない状態にする。解答検討を終えたら、英文の通読をする。左から右の方向へ"返り読み"をせずにスラスラ読め、意味がスッと取れるまで読み返す。

ここまで徹底的に英文を調べて通読しておくと、復習にもそれほどの時間はかからない。解き直しをせずに、英文を通読しながら知識を再整理するだけでも、かなり効果の高い復習ができる。

Q 復習の量が多くて消化できない

平日に数学、英語、理科2科目の勉強を進め、日曜日に1週間分の復習をしていますが、復習の量が多すぎて半分くらいしか手をつけられません。何かよい工夫はないでしょうか。（高3）

A 復習時間の確保、優先順位の設定

平日にこなす勉強量が多くなれば、その復習にも時間がかかるのはやむを得ない。ただ、復習をすっぽかして先に進んだ場合、どうしても定着率が落ちるので、ここは踏ん張りたいところだ。

とりあえず、①復習時間の確保、②復習する問題や範囲の絞り込み、の2つの面から解決法を探っていこう。

復習時間の確保では、月間計画の「予備日」（TACTICS 14）の活用を考える。まとめて復習する日を2〜3日確保できれば、月間復習と合わせて、かなりの量でも一気に復習できる。

週間復習に土日の2日間を使う手もある。「月・火の復習を土曜日」、「水〜金の復習を日曜日」のように復習日を分散させれば、負担が1日に集中するのを避けられる。

復習範囲の絞り込みでは、自力ですんなり解けた問題や、確実に覚えた自信がある範囲を復習の対象から外し、復習の全体量を減らす。残った分には、復習の優先順位をつけて復習法を変える。

その前提で、普段の勉強では、「自信あり／なし」を基準に、「×」（優先度1位、自力で解き直す）、「△」（優先度2位、解き方を確認する）、「○」（優先度3位、時間がなければスルー）の記号を参考書に書き込んでおくといい。

Strategic Planning

TACTICS 35
自分に合った勉強法フローチャートで"雑な勉強"を防止!

"勉強工程表"の作成と活用

☑ 勉強の"工程表"を作る!

　受験計画を細分化していくと、最終的には参考書ごとに「もっとも定着効果の高い進め方」を示す"作業マニュアル"のプランニングまで行き着く。

　ここまでくると、もはや「受験計画＝勉強のやり方」だ。実際、勉強のやり方の巧拙で、定着率や勉強効率がかなり違う。雑な勉強をしているうちは、なかなか定着率が上がらない。

　初めての参考書に取り組む場合、最初のうち、どうしても時間がかかる。そのうちだんだん要領がわかってきて、ムダを省いて効率的に進められるようになる。

　ところが、そのやり方に慣れ切ってしまうと、今度は「できるだけ短時間でラクに終わらせたい」という"邪心"が生まれる。それまではかならずやっていた作業工程を飛ばし、全体を適当に流すような"手抜き勉強"に傾いてしまうこともある。

　計画が遅れているときは、スピードアップのためにいつもの工程を省いてしまい、それで勉強が雑になることも多い。

　これでは定着率が下がる一方だ。そこで、"勉強法フローチャート"を作成し、手元に置きながらノルマに取り組んでみよう。次ページにそのサンプルを掲載した。**勉強が雑になるのを防ぎ、コンスタントに効率よく勉強をこなす**のが目的だ。

図解　和田式・勉強法フローチャート例

```
勉強法フローチャート      ←参考書名を記入
とってもやさしい英文解釈
                                              所要時間の目安
                                        necessary time
① 「試してみよう！」の例文を和訳する ←              5分 ←
   CHECK □ 例文をノートに写す。(1)と(2)の違いを考える ←      勉強手順と
                                              チェックポイント
② 「POINT」をよく理解してから答え合わせ              を明記
   CHECK □ (1)と(2)の違いを文法的に説明できるように
         □ 出て来た文法用語に蛍光ペンでマーキング
③ 文法事項・用語を文法解説書で調べる              30分
   CHECK □ メモした項目を『くもんの高校英文法』で調べる
                        ●ココが大事、面倒がらずに！
④ 《週末復習》「練習問題」を解いて復習              50分
   CHECK □ 間違えた問題は該当ページを復習        雑になりがちな工程に注意を促す
         □
⑤ _____        分
   CHECK □
         □
```

☑ 自分に合ったやり方を見つけよう！

　勉強法フローチャートの作成法は簡単だ。その参考書にしばらく取り組んでみて、「これならきちんと内容を定着できる」と思ったやり方を、作業順に並べてチャート化するだけである。

　勉強するときは、これを手元に置き、きちんと工程通りにやっているかをチェックしながら進める。

　特に、「勉強が雑になり始めてきたかな？」と思ったときは、1つの工程を終えるたびに「手抜きをしていないか」「やるべきことを飛ばしていないか」を確認しよう。

　勉強を進めるうちに、もっと効率よく定着できる方法に気づいたら、忘れないうちに書き足しておく。万人に通用する唯一の勉強法は存在しない。**試行錯誤しながら、自分に一番合ったやり方を見つけ、さらに工夫・改善する努力**を惜しまないように！

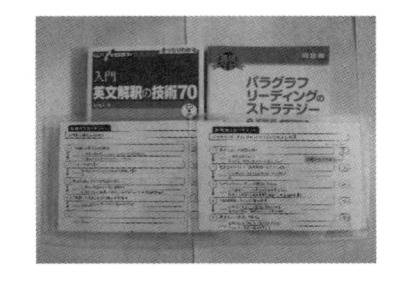

計画アプリ ⑤ 「和田式・勉強法フローチャート」

自分に合った勉強法を追究しよう！

特徴　雑な勉強にならない工程チャート

勉強のやり方が雑にならないようするために、使い方をチャートにしておく。勉強しながら、効果的なやり方や工夫を随時書き加えることで、より自分に合った勉強法を探究できる。

用意するもの

- 巻末付録「勉強法フローチャート」のコピー（A4判に拡大）
  *1枚で2冊分の参考書のチャートを作成できる。
- 使用する参考書
- A5判のカードケース（透明のもの）

《使い方ガイド》

❶ しばらく参考書を使って、勉強法をいろいろ工夫する。

❷ 使い方がある程度固まってきたら、勉強の工程を4〜5に分けてチャートの①〜⑤に記入する。

❸ 各工程にかかる大まかな所要時間を記入する（問題や解説の量によって変わってくるので、あくまでも目安でかまわない）。

❹ 各工程での大切なポイントや注意点を、「CHECK」欄に簡潔に記しておく（次ページのサンプル参照）。

❺ キリトリ線に沿って半分に切り、透明のカードケースに収納し、勉強するときはそれを見えるところに置きながら進めていく（右図）。

❻ 新たな改善点や注意点があれば、書き足していく。

図解　和田式・勉強法フローチャート（サンプル）

勉強法フローチャート

入門英文解釈の技術70

necessary time

① 「例題」の英文を3回読む　　10分
　CHECK
　☐ 辞書を使わずに2回読み、3回目に単語を調べる
　☐ 3回目は文の区切りにスラッシュを入れる

② ノートに全訳を書く　　10分
　CHECK
　☐ 構造がわからなくても意味を類推して書く

③ 解説を読んでから訳を添削する　　20分
　CHECK
　☐ 英文の構造図を丁寧に理解する
　☐ 構文を正しく把握して訳せているかをチェック　←ココが大切！

④ 「例題」を通読しながら頭の中で訳す　　5分
　CHECK
　☐ 返り読みをせずにスラスラ読めるまで3回
　☐

⑤ 　　分
　CHECK
　☐
　☐

------- キリトリ線 -------

勉強法フローチャート

パラグラフリーディングのストラテジー② 私立大対策

necessary time

① 英文を読んで問題を解く　　10〜30分　　問題の長さで違う
　CHECK
　☐ 辞書は使わない！
　☐ 知らない単語、読めない文をマーキング

② 答え合わせをして「設問解説」をざっと読む　　5分
　CHECK
　☐ 正解は○、たまたま正解は△、不正解は×
　☐

③ 「パラグラフリーディング解説」を読む　　20分
　CHECK
　☐ 「論理チャート」と英文の照合作業をする。
　☐ 英文を再読して論理展開を確認！　←ココが大事！

④ 「設問解説」をじっくり読み直す　　20分
　CHECK
　☐ 解法のポイントを整理して頭に入れる
　☐ 要約問題は「論理チャート」を見て添削

⑤ 英文を2〜3回通して読む　　10分
　CHECK
　☐ 解説と同じ考え方で読めるまで通読
　☐ 知らない単語を調べて覚える

[CHAPTER4] 確実に結果を出す！　計画作成のセオリー　123

Strategic Planning

TACTICS 36
月間復習日はアウトプット主体のテスト形式で！

定着率の定期チェック

☑ アウトプット型の復習が重要！

　テキストの範囲を決めて、授業前に毎回小テストを課す教師。予告なしの抜き打ちテストが好きな教師。生徒からの人気はイマイチかもしれないが、私は高く評価する。

　定着率を上げ、学力を高めるには、テスト形式によるチェックが非常に効果的だ。「解けるはず」「覚えたはず」のことが、実際に問題として問われると解けなかった、思い出せなかった、という経験は誰にでもあるだろう。

　一度記憶したことが思い出せないのは、その記憶が完全に消えているのではなく、"記憶を引き出す回路"がうまく働いてくれないからだ。これは復習方法を変えることで解決できる。

　「ただ見て覚える」「ただ読んで覚える」ような記憶法（インプット型）より、「**問題を解きながら確認する**」「**思い出して書く**」などの方法（アウトプット型）のほうが、記憶の定着率が高くなることは、心理学の実験で実証されている。

　テスト形式による復習では、「解く」「思い出す」「書く」などのアウトプットが主体となるため、記憶の維持・強化・定着の効果がより高くなることも実験データで明らかにされている。

　テストは定着率を測るモノサシとして使える以上に、記憶の定着率を高める方法としても非常に優れているのだ。

☑ 月間復習は"月例模試"の感覚で!

　自学自習による受験計画では、ともすると定着率のチェックが甘くなりがちだ。進んだ範囲をチェックするテストを誰かに作ってもらうのが一番いいが、そういうわけにもいかない。

　そこで、月間復習日（58ページ参照）には、前述したようなアウトプット型の復習を強く意識して取り組もう。数学の参考書であれば、解答を隠して問題を解き直す。英語も、一度解いた演習問題を、正解できた問題も含めてすべて解き直す。

　間違えた問題だけをテストで解き直すのでなく、正解した問題も含めたテストを受け直すほうが、正答率（結果的には定着率）がかなり高くなることも、最近の研究で明らかになっている。

　これも月間復習日に実践したい。参考書の「章末問題」や「チャレンジ問題」などを"模試"に見立て、**正解できた問題も含めてすべて順番に解いてチェックする**のだ。

　例題で構成される参考書は、進んだ範囲から5、6題ピックアップし、解答部分を白い紙で隠して解く。演習問題が載っていない参考書は、穴埋め形式の基本問題集を購入し、その範囲の問題に取り組んでみるのもいい。

　月間復習日には、こうした工夫によって、アウトプットを中心とする復習法を積極的に実践してほしい。

TACTICS 37
模試を申し込んだら当日と翌日を徹底復習日に指定!

模試を活かすプランニング①

☑ 模試の復習に2日間を空ける

　定着率をチェックし、自分の弱点を発見するツールとして、さらに受験勉強のペースメーカーとして、模試を受験計画の中に積極的に取り込んでいきたい。

　模試の長所は、解答・解説が非常に充実している点だ。中途半端な参考書をやるより、模試を受けて解答・解説の冊子を丹念に読み込むほうが、よほど効果的、効率的な勉強ができる。

　模試を受けたら、充実した解答・解説をすべて吸収するつもりで徹底的に復習したい。まだ緊張感の余韻が残り、問題の内容を鮮明に覚えている模試当日の復習が一番効果的だ。

　これが何日か経ってからの復習だと、効果も半減する。そこで、模試を受けることが決まって申し込みをすませたら、**模試当日と翌日の2日間を「模試の徹底復習日」として空けておく。**

　直前に申し込むならともかく、半月前、1か月前に申し込んであれば、月間計画表のノルマ調整が事前にでき、勉強のペースが乱されることもない。

　「模試復習日」を設定するときは、実施週の週間ノルマを減らす調整をする。日曜日や祝日に実施される模試が多いので、平日の勉強にはあまり影響しない。しかし、模試の復習だけでその日はまるまる終わってしまうので、それを見越して調整する。

図解 模試の復習を計画に組み込む

▼10/18が模試実施日の場合…

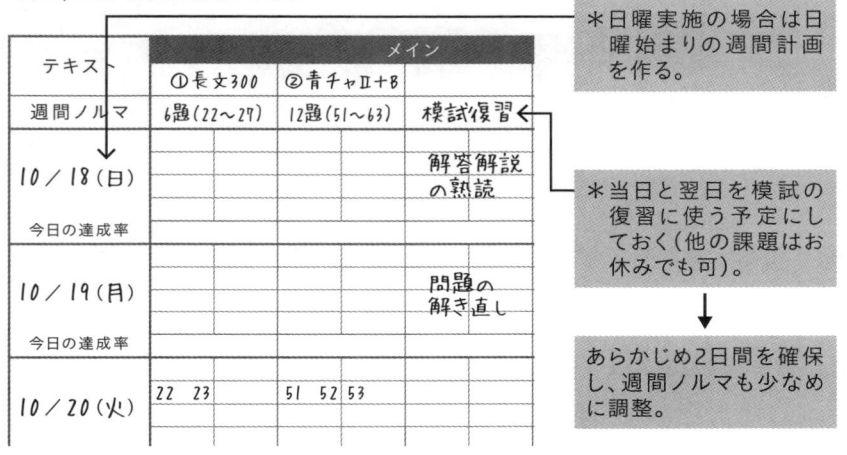

テキスト	メイン		
	①長文300	②青チャⅡ+B	
週間ノルマ	6題(22〜27)	12題(51〜63)	模試復習
10/18(日) 今日の達成率			解答解説の熟読
10/19(月) 今日の達成率			問題の解き直し
10/20(火)	22 23	51 52 53	

＊日曜実施の場合は日曜始まりの週間計画を作る。

＊当日と翌日を模試の復習に使う予定にしておく(他の課題はお休みでも可)。

あらかじめ2日間を確保し、週間ノルマも少なめに調整。

☑ 時間を気にせず納得のいくまで!

　朝から模試を受け、すべてを終えて帰宅するとぐったりする。それだけ脳が活発に働いた証拠だ。

　定期テストなら、「よーし、思いっきり遊ぶぞ!」となるところだが、模試を受けた日は「よーし、頑張って復習するぞ!」と、気持ちを切り替えよう。

　ちょっと休んだらすぐに復習開始だ。まだ問題を解いた感触、高揚感が残っているので、解答・解説を読んでいちいち納得できることが多く、吸収力も高い。

　基本的な復習方法は、**解答検討**、**解説の熟読**、**問題の解き直し**、の3つだ。時間を気にせず、納得のいくまで復習しよう。翌日と合わせた2日間で、既習範囲の問題に関しては、解答と解説を丸ごと覚えてしまうつもりで取り組んでほしい。

[CHAPTER4] 確実に結果を出す! 計画作成のセオリー

Strategic Planning

TACTICS 38 答案返却日を見越して"再試"の予定を入れる

模試を活かすプランニング②

☑ 答案返却日に模試を解き直す

　模試を受けると、解答・解説などの資料は当日もらえる。個人成績表や採点済みの答案などは、模試の種類にもよるが4〜5週間後に送付されてくることが多い。

　答案が郵送されてきて、「ああ、そういえば模試を受けたんだったな」と思い出す。つまり、模試返却日は「忘れそうなタイミング」にもシンクロしている。絶好の"復習日和"だ。

　模試の返却日は、パンフレットやホームページに記載されているので、何月のこの週あたりに届きそうだと予想し、カレンダーに書き込んでおこう。

　そして、その月の月間計画を立てる際、返却日の前後の1日を、まるまる模試の復習用に空けられるように、週間ノルマの分量をあらかじめ調整しておく。

　模試当日と翌日には、間違えた問題を中心に復習をする。さらに4〜5週間先の答案返却日（またはその翌日）には、**同じ模試を受け直す"再試験日"の予定**を入れる。

　つまり、模試を受けた日とまったく同じように、制限時間を設けてすべての問題を解いていくのだ。科目数が多くて1日で終わらなければ、2日間を予定してもいい。この"模試再試験"は、通常の「進む勉強」を止めてでも実施する価値がある。

図解 "再試験効果"の比較データ

	暗記し直す単語	テストする単語
グループ1	すべての単語	すべての単語
グループ2	間違えた単語のみ	すべての単語
グループ3	すべての単語	間違えた単語のみ
グループ4	間違えた単語のみ	間違えた単語のみ

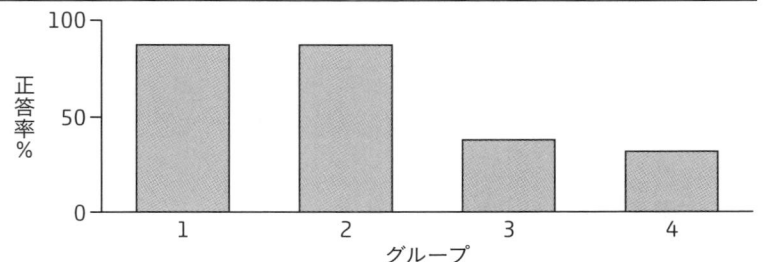

出典：池谷裕二著『受験脳の作り方』（新潮文庫）p.75

☑ チェックの方法で正答率が変わる!

　間違えた問題だけでなく、すべての問題をもう一度解く"再試験"が記憶の定着や想起の点で非常に効果的であることは、単語記憶の実験で証明されている（グラフ参照）。

　実験では、「すべての単語を復習で覚え直したグループ」（1と3）、「間違えた単語だけを復習で覚え直したグループ」（2と4）について、再テストの方法を変えて正答率を調べた。

　その結果、復習方法の違いに関係なく、「すべての単語をテストしたグループ」（1と2）が、「間違えた単語だけテストしたグループ」（3と4）よりはるかに高い正答率を示した。

　この実験結果から、正解できた単語も含めた"再テスト"の実施が、記憶の想起（アウトプット）に有効であることが確認された。模試の復習や再チェックでも、ぜひ活用してほしい。

TACTICS 39
模試で見つかった課題に優先順位をつけて計画修正に反映!

模試を活かすプランニング③

☑ 課題は順番に、計画的に潰す!

　模試の資料が返却されたとき、真っ先に偏差値や合否判定が気になるだろう。それも重要な情報なのでしっかりと見ておこう。ただし、それだけで終わっては、模試を受けた意味がない。

　模試は、自分の弱点を見つけ、それまでの勉強法のよくない点を改善するためのツールとしても、積極的に活用してほしい。

　まずは、各科目の出題ジャンル別、もしくは単元別の正答率を見て、どこが弱点になっているのかを把握する。**まだ勉強していない範囲に関しては、得点が低くても気にしなくていい。**

　しかし、すでにやった範囲で点が取れていなければ、いろいろ反省すべき点が出てくるはずだ。これらを「今後の課題」として紙に書き出そう。書き出した課題を見ながら、

　　◎…すぐに実行すべきこと
　　○…もうすこし後でもよいこと
　　△…当面は手をつけなくてよいこと

のように、優先順を表す◎、○、△の印をつけて分類する(次ページのメモ例参照)。そして、順位の高い課題から順番に潰していくように、今後の計画を修正・調整する。

図解 課題の書き出しと分類（メモ例）

```
10/7模試の課題
 英語  ・単語力が足りない（長文読解がボロボロ）△
      ・和訳力、解釈をつける○
 数学  ・ケアレスミスを減らす！◎ ← 出題される！
 日本史 ・「超速！」の論述図解チャートをよく見る◎
```

＊科目ごとの課題を書き出し、◎、○、△の印で優先順位を表す。英語は単語力より構造把握・解釈力を優先させる。

☑ "足場固め"を優先した計画修正

　課題に優先順位をつける際の考え方について、例を挙げながら簡単に説明しておこう。まず、勉強時間を増やさずに実践できることには、最優先の◎印をつける。

　たとえば、「ミスを減らす」という課題なら、普段から見直しの習慣をつける、自分の"ミスのパターン"を把握して対策を練るなど、勉強時間を増やすことなく実践できる。

　ちなみに、ケアレスミスが多くて困っている人は、拙著『ケアレスミスをなくす50の方法』（ブックマン社）を一読してほしい。ミス防止の具体的な方策やノウハウを満載してある。

　すでに終えた範囲で正答率が低い分野・単元については、問題がむずかしすぎて手が出なかった場合は、あまり気にしなくてもいい。しかし、**基本レベルの問題で失点しているなら、その単元の復習を徹底させる**。これも優先順位は◎に該当する。

　得点率が低くても、これから取り組む予定の単元やジャンルに関しては、優先度を落として△でかまわない。

　英語では「単語力をつける」ことを課題に挙げる人が多そうだ。しかし、今使っている単語集があれば、まずはそれを完璧に定着させてから考えても遅くない。入試レベルの単語集に手を出す前に、読解・解釈の基礎固めを優先させるのがセオリーだ。

Strategic Planning

TACTICS 40
科目別の目標点を先に定めてから定期テスト対策に入る
定期テストの効率活用プラン①

☑ "重点科目"にたっぷり時間を投入!

　定期テストまで「あと1週間」を切るあたりから、ようやく本気モードになる。ただ、科目数が多いので、結局、最後は一夜漬けのヘロヘロ状態で試験を受けるハメに……。

　定期テスト対策は、受験計画の"超短期バージョン"だ。対策期間は1週間から10日、その限られた時間を有効に使い、自分が設定した課題をクリアすることが目標だ。

　一般入試での受験を考えている人は、全科目で高得点を叩き出す必要はない。志望校の受験科目に力を入れ、そうでない科目は「赤点を逃れればよし」くらいに割り切って臨む。そうでないと、結局、どの科目も"ドングリの背比べ"で終わりかねない。

　そこで、まずは**科目ごとの目標得点を事前に決める**。この得点率が、対策に費やす時間の配分比率の目安になる。

　対策期間前半は"**重点科目**"（目標得点の高い科目）に絞って集中的に取り組み、後半はその復習にあてる。ただ、歴史や生物のような"暗記科目"は、後半から追い上げるほうが効率的だ。

　それまで手をつけていなかった"**しのぎ科目**"（目標得点の低い科目）は、重点科目が復習期間に入る後半、一気に詰め込む。「赤点クリア達成」のメドが立ったら対策を終え、余った時間は重点科目につぎ込み、さらなる得点上積みを狙おう。

図解 定期テスト対策の1週間計画(例)

	定期テスト対策			自分の勉強(継続)	
5/11(月)	数学I	数学A	英語C	英文解釈 8〜13 復習	青チャI 例題20〜40 復習
5/12(火)	数学I	数学A	英語C		
5/13(水)	数学I	数学A	英語C		青チャA 例題1〜17 復習
5/14(木)	数学I	英語E	英語C	古典	
5/15(金)	数学試験範囲総復習	英語E	英語C復習	古典	
5/16(土)		英語E	英語C復習	古典	生物基礎
5/17(日)		英語E復習	英語C復習	現代文	生物基礎

	1学期中間考査時間割			●テスト期間中の勉強	
5/18(月)	数学I	現代文	生物基礎	物理基礎	英語C復習
5/19(火)	英語C	物理基礎		現代社会	数学A復習
5/20(水)	現代社会	数学A		古典復習	英語E復習
5/21(木)	英語E	古典			

▲英語・数学・古典に重点を置いた対策(高得点狙い)。生物基礎、物理基礎、現代社会は「ほぼ一夜漬け」で乗り切る(平均点狙い)。

☑ "通常運転"のペースを落とす

　定期テスト対策の期間中、自分で進めてきた受験計画は、ペースを落とすことで対応する。授業より先に進んでいる科目に関しては、定期テストを"復習チェック"の機会にできるので、しっかり取り組んでおいて損はしない。

　テストがすべて終わるまでの1〜2週間、自分の勉強にまったく触れていないと、せっかく積み上げてきたことが抜けてしまう。そこで、短時間でできる何かしらのノルマを課したい。

　定期テスト対策「1週間計画」のサンプルを上に載せた。この人の場合、志望校の受験科目である「英語・数学・国語」を"重点科目"とし、その他は"やっつけ"で片づける計画だ。

　そのかわり、試験期間中の「自分の勉強」は、試験対策と重なる範囲の復習を組み込んでいる。この点がうまい。

TACTICS 41
試験後の1週間はテスト復習を組み込んで計画を調整する
定期テストの効率活用プラン②

Strategic Planning

☑ テスト後の復習でストック倍増!

　定期テストが終わって平常授業に戻ると、採点された答案が順次返ってくる。授業中にテストの解説をしてくれる教師もいれば、解答・解説のプリントを渡すだけの教師もいる。

　いずれにしろ、**定期テストは「終わってからが勝負!」と考えてしっかり復習しておこう。**何もしなければ忘れてしまう記憶を、確実に定着させる。暗記ストック倍増の絶好期だ。

☑ 週末に"再試験日"を設定する!

　前項でお話しした"重点科目"で目標に掲げた得点を取れた人は、間違えた問題を中心に、ざっと見直すだけでもいい。

　しかし、思いのほか得点が伸びなかった人、平均点前後にとどまって苦戦した人は、テスト後の1週間を"テスト復習期間"として、週間計画を調整してほしい(次ページ参照)。

　週末には"再試験日"を設定する。正解できた問題も含めたすべての問題を、制限時間通りに解く。高得点が取れた人も、これは実践してほしい。模試の"再試"と同じだ(TACTICS38参照)。

　ここでも間違えた問題は定期的に見直して、1か月後や2か月後に同様の再試験をして定着率をチェックしておこう。

図解 定期テスト後の週間計画表（例）

■ 和田式・週間計画表　　5/月　18日～24日　　3

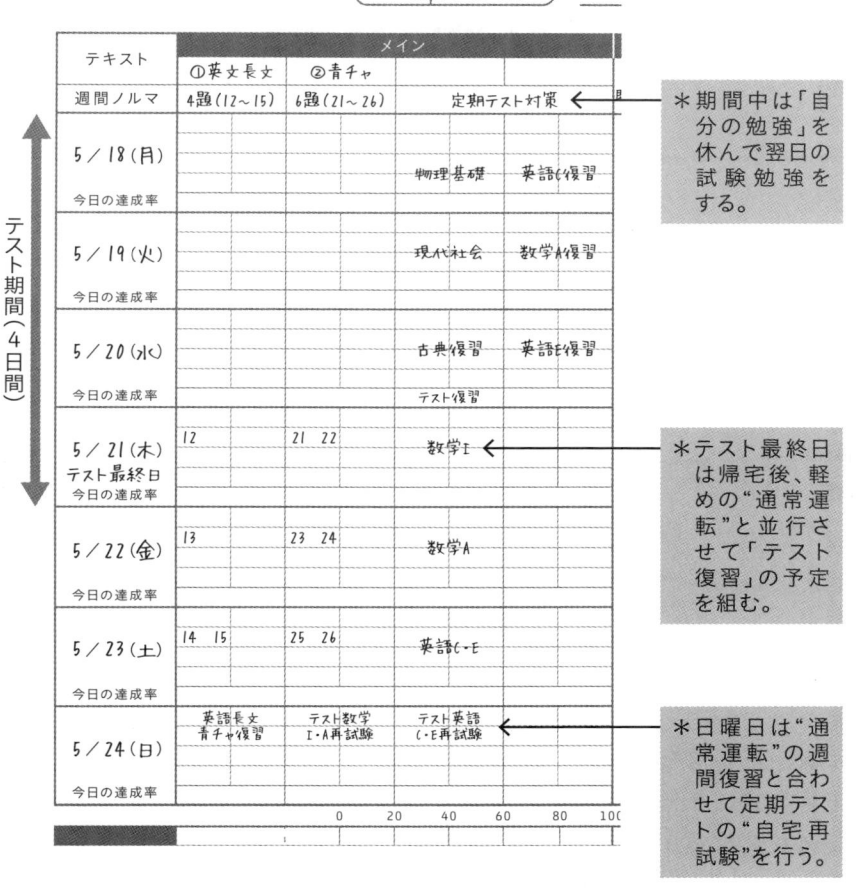

テキスト	メイン		
週間ノルマ	①英文長文 4題(12～15)	②青チャ 6題(21～26)	定期テスト対策
5/18(月) 今日の達成率			物理基礎　英語C復習
5/19(火) 今日の達成率			現代社会　数学A復習
5/20(水) 今日の達成率			古典復習　英語E復習 テスト復習
5/21(木) テスト最終日 今日の達成率	12	21 22	数学I
5/22(金) 今日の達成率	13	23 24	数学A
5/23(土) 今日の達成率	14 15	25 26	英語C・E
5/24(日) 今日の達成率	英文長文 青チャ復習	テスト数学 I・A再試験	テスト英語 C・E再試験

テスト期間(4日間)

0　20　40　60　80　100

＊期間中は「自分の勉強」を休んで翌日の試験勉強をする。

＊テスト最終日は帰宅後、軽めの"通常運転"と並行させて「テスト復習」の予定を組む。

＊日曜日は"通常運転"の週間復習と合わせて定期テストの"自宅再試験"を行う。

《翌週の復習計画》
5/25(月)からの週間計画では、前半に残りのテストの復習をして、その週のうちに"再試験"を行う。"一夜漬け"で乗り切った受験科目も、終わった後の復習によって暗記ストックを維持・強化できるので実行したい。

[CHAPTER4] 確実に結果を出す！ 計画作成のセオリー　135

ズバッと解決！ 受験計画 FAQ

よくある質問⑦ 予備校編

Q 予備校に通えば計画いらず？

友人から予備校に一緒に通おうと誘われました。予備校の本科生になれば、面倒な受験計画を自分で立てなくてもすむので、それもいいかなと思うのですが、どうでしょうか。（高2）

A 予備校では計画を立ててくれない

予備校は、学校よりも受験情報に詳しく、教え方が上手な講師を抱えているのが売りだ。ただ、志望校が違う生徒に同じテキスト、同じ宿題を課す集団授業をベースとする点は学校と変わらない。

予備校に真面目に通えば、志望校に受かる実力が自然につくと思うのは大間違いだ。このあたりの事情は、予備校に通って受かった先輩、逆に落ちてしまった先輩から話を聞いてみてほしい。

基本的に予備校では、生徒1人ひとりの実力や志望校に合わせた指導をしてくれないし、ましてや個人の計画表など立ててくれない。そこは自分で考えてやっていくしかない。

情報不足のまま予備校に頼りきってしまうと、短期講習や直前講習などのオプションがどんどん増え、消化不良に陥る危険もあるので注意したい。

もっとも、何事も経験なので、まずは短期講習を受けてみて、予備校がどんなところかを自分の肌で知るのが一番いいかもしれない。「百聞は一見にしかず」だ。

Q 予備校講習をどう組み込むか?

予備校の短期講習を受けてみようと思っています。ただ、今でもかなりタイトな計画なので、うまく両立できるか不安です。計画を立てるにあたって注意すべき点を教えてください。(高3)

A ある程度フリーハンドな計画に!

短期講習を受けるにあたっては、今の自分に本当に必要かどうかをよく検討しよう。講習をたくさん取ると、予習と復習だけでかなりの時間がかかる。予備校の講習と自分の勉強を両立させようとして、結果、どっちも中途半端で終わるのが一番よくない。

実際に講習を受けてみると、レベルが高すぎたり、逆に低すぎたりして、「それだったら自分で勉強していたほうがマシ」、ということも考えられる。これも事前に考慮しておきたい。

いずれにしろ、予備校講習をムダにしないためには、予習と復習（特に復習）の時間をきちんと確保しておくことが大切だ。自分で進めている勉強のペースを落とし、講習の予習・復習をメインにこなすスケジュールを考えておく。

その上で、講習に行ってみて得られるものがないと判断したら、途中でもスパッと切る。予習や復習の量がたいして多くなければ、自分で進めている勉強を増やして対応する。

実際に受けてみないと読めない部分も多いので、状況によって臨機応変に対応できるように、フリーハンドの部分を残す計画にしておくのが現実的だろう。

TACTICS 42

夏休みには"夏期限定テーマ"を1つだけ組み込む

夏休みの有効活用プラン①

☑《通常運転＋1テーマ》が基本!

　夏休み直前になると「この夏こそ飛躍する！」と決意して、休み中の綿密な計画を立てる人が多い。意気込みは買いたいが、張り切っている分、あれもこれもと詰め込みすぎの"実行不可能な計画"になりやすいので注意が必要だ。

　夏休みは、自由に使える時間がたっぷりあるように感じる。しかし、学校の補習授業や校外模試、人によっては予備校の短期講習などで潰れる日も少なくない。一番の敵は、「まだ時間がある」という安心感のスキをついて成長する"怠け心"だ。

　自由時間がたくさんあるからといって、**夏休みに過大な期待をかけない**ほうがいい。基本的には、それまで進めてきた"通常運転"を継続させながら、何か1つ、克服（達成）しておきたいテーマを設定するくらいで考えておく。

　"通常運転"関しては、普段の1.5～2倍のペースで進めたいが、これもあまり無理はしなくていい。

　"克服テーマ"は、苦手科目や苦手単元など、普段の勉強で時間を取れないものになるだろう。と言っても、苦手科目なら1つ、単元なら2つか3つにとどめるのが無難だ。

　ノルマを控えめに設定し、「余裕があれば追加」の足し算的な発想で計画を立てるのが、夏休みを有効活用するコツだ。

☑ 復習から入って復習で終わる!

　夏休みに入って、いきなり飛ばしすぎると息切れする。最初の1週間程度は、"通常運転"にプラスして、**過去の範囲をざっと復習して、残してきた穴を潰す**ことをテーマにしたい。

　予備校講習に通う人は、講義やテキストの復習を毎日かならず実践する。学校の授業より密度の濃い内容になるので、復習の時間もそれなりに多めに見積もっておく必要がある。

　苦手科目や苦手単元は、夏休みのうちになんとかなれば、それにこしたことはない。しかし、そこに莫大な時間を投入すると、"通常運転"がストップしかねないので、上手にバランスを取る。

　勉強してもなかなか伸びないからこそ、苦手科目なのだ。「夏休み中に絶対克服する！」と肩に力を入れすぎず、「苦手意識がちょっとでも和らげばOK」くらいにかまえておくといい。

　そう考えると、逆に得意科目を"夏期限定テーマ"に設定するのもアリだ。得意科目なら、時間をかけた分の見返りが期待できる。夏休みを使って得意科目で"貯金"を作っておけば、秋以降は余裕を持って苦手科目に時間を使える。

　いずれにしろ、夏休みに取り組んだことは、秋以降の勉強の"土台"となる。それを踏まえ、最後の1週間は、夏休み中に進めた範囲を確実に定着させる**"夏期総復習"**と考えて計画を立てよう。

Strategic Planning

TACTICS 43 勉強時間帯を午前・夕方・夜に3分割する

夏休みの有効活用プラン②

☑「毎日が休日」の夏休み1日計画

「私は"1日9時間勉強"で巻き返します」
「オレは"1日14時間勉強"にチャレンジだ！」

　勉強を時間で競っても意味がないのは、すでにお話しした通りである（TACTICS 22）。もっとも、「そのくらいの覚悟で頑張る」という意気込みはヒシヒシと伝わってくる。

　実際にやってみればわかるが、「連続10時間勉強」は体力的にも相当きつい。定期テスト直前、あるいは入試直前の切羽詰まった状況なら意外に平気だが、夏休みだったら3日くらいで勉強がイヤになって、後は遊びまくってしまうかもしれない。

　そこで、「休日の1日計画」を思い出そう（TACTICS 24）。休日に勉強を進めるカギは午前中の活用にあった。「毎日が日曜日」の夏休みも基本は同じだ。

　9時間の連続勉強はきつくても、それを「午前〜午後・夕方・夜」の時間帯に3分割し、「3・1・2」の比率で割り振れば体力的にもきつくないし、集中力も持続できる（次ページ参照）。

　「1日14時間勉強」になるとさすがにきつい。適正睡眠時間を7時間とすると、睡眠と勉強だけで21時間になるので、文字通り「飯とトイレ以外すべて勉強」の生活になる。**何事も経験しないとわからないので、1日くらいチャレンジしてみるといい。**

図解　「1日9時間勉強」の時間割（例）

時刻	8	10	12	14	16	18	20	22	24（時）
	起床・朝食	勉強（3時間） 8:30～11:40 10分休憩を挟んで90分×2	昼食	勉強（1.5時間） 12:30→14:00 90分	自由時間	勉強（1.5時間） 17:00→18:30 90分	勉強（3時間） 20:00～23:10 10分休憩を挟んで90分×2	睡眠	就寝

1コマ1.5時間×6＝9時間

☑ 部活組は"平常運転"を維持！

　部活に力を入れている人は、夏休みの午前中は練習で潰れることも多いだろう。そのほか、合宿や練習試合、地区予選やインターハイの遠征など、むしろ夏休みのほうが忙しいかもしれない。

　部活を優先するのであれば、あまり無理をせずに"平常運転"を維持することを最優先させる。

　午前中が練習で潰れる日は、帰宅して休憩を取ったら、夕食までに1コマ、夕食後に2コマの計3コマ（4時間半）を消化するペースを維持できれば御の字だ。あとは、スキマ時間を活用して、できるだけ効率よく勉強をしていくしかない。

　部活を引退するまでは、時間をやりくりしながら、最低限のことを進めておく。部活が好きで引退まで続けたいなら、テレビや遊びはある程度我慢する。**好きなことを続けるには、何かを犠牲にする必要がどうしてもある。**

　部活を引退したら、スパッと気持ちを切り替えて勉強モードに突入する。運動部に所属していた高校生は、体力、忍耐力、集中力を普段から鍛えてきたので、いざ勉強に専念するとなると、爆発的な力を発揮して効率よく追い込むことができる。

　部活をやりながら、東大など難関大学に現役合格を果たした人に共通するのは、時間の使い方が非常にうまい点だ。

TACTICS 44 お盆休みを過去問研究に利用して戦意を高める!

夏休みの有効活用プラン③

☑ 入試本番に意識を向けよう!

　来年に入試を控えている人もそうでない人も、夏休みに志望校の過去問に触れる機会を作っておきたい。

　この時期、まだバリバリと過去問を解けるほどの実力はついていないだろう。それでも、いつかは確実にやってくる入試本番のリアリティを、肌で感じ取っておくことが大切だ。

　夏休みを逃すと、その後は目先の勉強に追われて、志望校の過去問を見る機会がなかなか得られない。下手をすると、自分の志望校の入試傾向を知らないまま直前期を迎えてしまう。

　受験計画の本来の目的は、**志望校の入試で合格最低点をクリアする**ことにある。志望校の入試傾向を知らずに受験計画を立てるのは、ゴール地点を知らずに走り出すようなものだ。どっちの方向に進めばいいのかもよくわからない。

　受験勉強では、一定の基礎力を築いた後、志望校の入試傾向に合わせた対策に入り、戦術も計画も1人ひとり違うものになる。

　たとえば、英作文が自由英作文か和文英訳かで、対策も当然変わってくる。日本史や世界史でも、解答形式が記述式かマーク式かで、普段の勉強の仕方が変わってくる。

　こうしたことは、できるだけ早く知っておいたほうがいい。来年の春に受験するなら、夏休みでも遅いくらいだ。

図解 "敵"を知るための本

教学社「大学入試シリーズ」(赤本)　　『赤本の使い方』(ブックマン社)

☑ 夏休みの"エアポケット"を活用!

　夏休みに過去問に触れるなら、世間が一斉に休暇に入る8月中旬のお盆休みが適している。この時期は帰省や家族旅行などが入ったりして、あまり落ち着いて勉強できない。

　せっかく頑張ってきたのに、お盆休みで気が緩んで遊びグセがついてしまうこともある。中だるみを防ぐ意味でも、この夏休みの"エアポケット"(空白期間)を過去問研究に利用したい。

　帰省や旅行につきあうなら、スキマ時間で進める参考書と一緒に、志望校の赤本(教学社の大学別過去問集『大学入試シリーズ』)をカバンに入れておく。

　過去問で何を研究するかと言うと、まずは1年分でいいので、実際に問題を解いてみよう。全然できなくてもヘコむことはない。**問題の難易度や傾向、形式を肌で感じ、現時点の自分の実力とのギャップを知る**ことが大切だ。

　入試傾向や対策について解説しているページも、じっくり読んでおこう。合格最低点や配点、試験時間などのデータも調べ上げて、受験計画の基本的な骨格を作り上げる。

　その際は、拙著『赤本の使い方』(ブックマン社)が役に立つだろう。赤本からどんな情報を引き出して計画に盛り込めばいいかを詳しく書いているので、ぜひ参考にしてほしい。

Strategic Planning

TACTICS 45 直前期は計画作成の時間を勉強に回せ!

直前期の志望校対策プラン

☑ 直前にやるべきことは頭の中にある!

　入試直前は、ひたすら勉強するのみだ。夏休みのころと比べて、英文を読むスピードもかなり上がっている。数学の問題も、解き方がパッと浮かんで自然に手が動く。**この時期は、かつてないほど効率よく勉強できるので、勉強をすればするだけ伸びる。**

　志望校を目標に勉強して直前期を迎えた人なら、自分の課題がハッキリと見える。何をやればいいのか、わざわざ書き出して計画表を作らなくても、すべて頭に入っている。

　だから、もう以前のような計画を立てる必要はない。時間がもったいないからだ。計画表を作る時間で、単語を20個は覚えられるし、不安な単元の復習もできる。

　逆に、この時期になっても「やるべきことがわからない」「計画表がないと勉強できない」のであれば、厳しいことを言うようだが、今年はあきらめたほうがいいかもしれない。

　もちろん、不安で勉強に手がつかない、落ちたときのことを考えると眠れない、というのなら話は別だ。困ったときは『受験本番に勝つ! 77の作戦』(ブックマン社)を読めば落ち着く。

　宣伝ついでに言うと、直前期のプランニングは、前項で紹介した『赤本の使い方』にすべて書いてある。基本的には、過去問を解いて課題を見つけ、それを潰す。ひたすらその繰り返しだ。

図解 赤本活用の各種カード

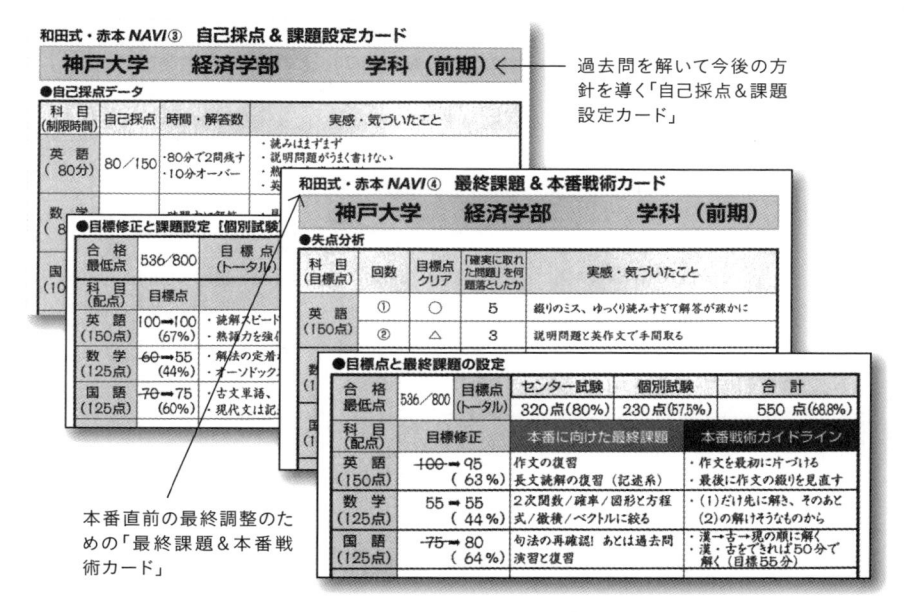

過去問を解いて今後の方針を導く「自己採点＆課題設定カード」

本番直前の最終調整のための「最終課題＆本番戦術カード」

出典：『赤本の使い方』（ブックマン社）

☑ 情報を集約したカードを作る！

　直前期は、月間計画表や週間計画表を作らないかわりに、過去問を解いたときの得点、反省、今後の課題などを1枚の紙に集約した情報カードを作っておきたい。これがそのまま、直前期の計画表の役割を果たしてくれる。

　『赤本の使い方』の巻末に「自己採点＆課題設定カード」や「最終課題＆本番戦術カード」があるので、これが直前期の"計画表がわり"になる（上図参照）。あとは、どこまで課題を潰して本番に臨めるかにかかっている。

　さらに入試が近づいてきたら、**過去問や予想問題集で実戦演習を繰り返しながら、本番当日の戦術を練り上げていく**。問題を解く順番をどうするか、見直しの時間を何分確保するかなど、本番で実力を最大限発揮するための"本番戦術"を確立するのだ。

［CHAPTER4］確実に結果を出す！ 計画作成のセオリー

CHAPTER 5

志望校を突破する！計画作成のノウハウ

偏差値ハンデを戦術で解消しよう！

CHAPTER 5 の はじめに

志望校に照準を合わせた逆転の受験計画をキミの手で!

☑ 合格への最短ルートを切り開く!

　今の実力から考えてラクに受かりそうな大学を志望するなら、わざわざ受験計画など立てる必要はない。今まで通りに勉強していれば、特に苦労することもなく合格できるだろう。

　ただ、それではつまらない。今の実力では厳しいことがわかっていて、それでも頑張って上を目指す。偏差値ギャップを乗り越え、ギリギリでもいいから滑り込んで受かる。その逆転合格の道筋を示すのが、私が考える受験計画の本来の役割だ。

　偏差値ギャップや時間不足のハンデは、戦術でカバーする。「志望校の合格最低点」を目標にするのもその1つだ。

　どこの大学にも受かる"絶対的な実力"を今から築こうとすると、いくら時間があっても足りない。そこで、志望校に照準を合わせ、「合格最低点をギリギリ超える学力」を目標に据える。

　科目ごとの目標得点を定めるのも、限りある時間を最大限有効に使う戦術である。勝負できそうな科目で高得点を狙い、苦手科目は足を引っ張らない程度の目標得点に抑える。ここから「最低限やるべきこと」が割り出され、科目ごとに「どんな参考書を、いつ、どういう順序で使うか」が定まる。

　この"参考書プラン"の決定が受験計画の最大のヤマ場であり、計画の成否を握るポイントにもなる。

　こうして見ると、受験は"真の学力"を競う戦いではなく、戦術力や情報処理能力、計画作成能力を競うゲームのようなもの、と言うこともできるだろう。

☑ 長期受験計画の作成ノウハウを公開!

　CHAPTER5では、キミがこのゲームに参加するという前提で、志望校突破計画の作成ノウハウを伝授していく。1か月や2か月の短期計画ではなく、人によっては1年以上先の入試日をゴールとする、本格的な長期受験計画だ。

　計画のフレーム（枠組み）は、**「残された時間」**と**「必要な勉強量」**との兼ね合いで決まる。フレーム作りの工程をわかりやすくビジュアル化してガイドするので、ここからは実際に自分の計画を立てていこう。必要なツールはすべて巻末付録にある。

　ただし、参考書に関する情報は、あまりにも膨大なので収めていないことを、あらかじめお断りしておく。「どんな参考書を、どう選べばいいか」に関しては、私の他の本も含めて類書があるので、各自で情報を収集してほしい。

　掲載したモデルプラン（神戸大学経済学部、早稲田大学商学部、名古屋大学工学部）は、いずれも実際の受験生に依頼されて作った現物の受験計画表が元になっている。作成したのは、緑鐵受験指導ゼミナール（以下、緑鐵）の東大生講師だ。

　この章で紹介する計画作成のプロセスも、日常の仕事として彼らにやってもらっていることを、彼らの思考を追う形でマニュアル化したものである。私の立場からすると企業秘密に属するようなことも、ここではあえて公開した。緑鐵のオリジナルフォーマットによる受験計画表（TACTICS 54、55）からも、プロの着眼や分析、戦術構築の考え方など、多くのことを学び取ってほしい。

Strategic Planning

TACTICS 46 受験計画のコマ割フレームを下書きする

「時間」で把握する計画イメージ

☑「月コマ」単位でフレームを作る

　長期受験計画を作成するときは、「量」と「時間」の両面から見通しを立てる。1年以上の計画では、入試日までの距離感がつかみにくいので、"時間枠"の設定から入ると考えやすい。

　さっそく試してみよう。巻末付録「和田式・コマ割計画フレーム」をコピーして、毎月の勉強時間をコマ単位で考えて太い線で囲っていく（次ページのサンプル参照）。**あまり無理をせず、「このくらいのペースで行けたらいいな」くらいの感じ**でかまわない。

　サンプルでは、神戸大学経済学部志望の高校2年生（10月からの16か月計画）を想定している。高3の5月まで「1日2コマ」で進め、そこから徐々にコマを増やして直前期にラストスパートをかける。後半に追い込んでいく受験計画の基本形だ。

　本書では、《1日1コマ90分×1か月》の勉強時間を「月コマ」という単位で表す（実質約40時間とする）。「2月コマ」は《1日1コマ90分×2か月》（約80時間）、「5月コマ」なら《1日1コマ90分×5か月》（約200時間）だ。サンプルでは、月コマの合計が47、実質勉強時間は1880時間《47×40》となる。

　全体のコマ割を眺めると、計画の"入れ物"ができたことで、それまでぼんやりとしていた入試までのプロセスが、現実味を帯びた輪郭として浮かび上がってくる。

図解 和田式・コマ割計画フレーム（サンプル）

■ 和田式・コマ割計画フレーム

神戸 大学 経済 学部（前期）学科

コマ (90分)	1	2	3	4	5	6	7	8	月コマ数
時間	1.5	3	4.5	6	7.5	9	10.5	12時間	
9月	40	40	40	40	40	40	40	40	
10月	40 (1日2コマ)	40	40	40	40	40	40	40	2
11月	40	40	40	40	40	40	40	40	2
12月	40	40	40	40	40	40	40	40	2
1月	40	40	40	40	40	40	40	40	2
2月	40	40	40	40	40	40	40	40	2
3月	40	40	40	40	40	40	40	40	2
4月	40	40	40	40	40	40	40	40	2
5月	40	40	40	40	40	40	40	40	2
6月	40 (1日3コマ)	40	40	40	40	40	40	40	3
7月	40	40	40	40	40	40	40	40	3
8月	40	40	40	40	40	40 (夏休みは1日5コマ)	40	40	5
9月	40	40	40	40	40	40	40	40	3
10月	40	40	40	40	40	40	40	40	3
11月	40	40	40	40	40	40	40	40	3
12月	40	40	40	40	40	40	40	40	5
1月	40	40	40	40	40	40	40	40	6

足していく →

| 残り月数 | 16か月 | 実質勉強時間 | 1880時間 | 月コマ数合計（A） | 47 |

月コマ数合計×40（時間）
47×40＝1880

【記入例の説明】

高2の10月から入試（翌年1〜2月）まで約16か月間の"時間割"のイメージであり、確定ではない（修正後の確定版は161ページ参照）。

----

①10月〜5月→1日2コマ
②6月・7月→1日3コマ
③8月（夏休み）→1日5コマ
④9月〜11月→1日3コマ
⑤12月→1日5コマ
⑥1月→1日6コマ

以上①〜⑥を太線で囲んでいる。

＊「1月コマ」＝約40時間

コマ (90分)	1	2
時間	1.5	3
9月	40	40
10月	40	40

この1マスが「1月コマ」
1日1コマ（90分）×30日
本来は45時間（1.5×30）だが、それより少なく見積もっておくほうが現実的なので40時間としてある（1か月＝約26日として計算：1.5×26＝39）。

[CHAPTER5] 志望校を突破する！ 計画作成のノウハウ

Strategic Planning

TACTICS 47 月コマ数の合計を配点比率に応じて科目別に分配!

科目別の時間配分を見積もる

☑ 配点比率による暫定的な時間配分

　「月コマ」を単位とする計画フレームを作って月コマ数の合計を出したら、これを科目別に分配する作業に入る。

　科目ごとの時間配分を決めるにあたっては、得意・不得意、問題の難易度などの要素がからんでくる。苦手科目を多めにするか、逆に得意科目に力を入れるか……。考え始めるとけっこう悩みそうなので、ここでは暫定的に配点比率に応じた時間配分にしておく。

　国公立大の志望者は、センターのみで必要な科目について「1科目3月コマ」を見積もり(センターが不要なら0)、全体からそれを引いた月コマ数を個別試験の各科目に割り振る。

　次ページのサンプルでは、センター対策(実質3科目)に9月コマを割り当て、残りの38月コマに個別試験の配点比率(百分率)をかけて科目別の「月コマ数(均等)」を算出する。

　小数点が出たら四捨五入して「月コマ数(補正)」の欄に書き込む。これも暫定的なので細かく考えず、**全部足したときに「月コマ数合計(A)」と合うように適当に調整**してかまわない。

　ここまでで必要な情報は、志望校の受験科目(センター試験の選択科目を含む)と配点比率だけである。ネットで調べるなら、旺文社の「大学受験パスナビ」(http://passnavi.evidus.com/)が検索しやすく、使い勝手がいい。

図解 和田式・コマ割計画フレーム（サンプル）

■ 和田式・コマ割計画フレーム

神戸 大学　経済 学部（前期）学科

●「科目別・月コマ数」の作成手順

1. センター対策コマの算出
センター試験のみで必要な科目数を記入して(B)を算出する（センター試験を受けない人は空欄）。

2. 個別対策コマの算出
月コマ数の合計(A)から(B)を引いて「個別試験対策コマ」の月コマ数を算出する。

3. 科目別の月コマ数の算出
個別試験の受験科目・配点・配点比率を調べて表に記入し、科目ごとに「配点比率×個別試験対策コマ(B)」を計算して「月コマ数（均等）」の欄に記入する。
さらに四捨五入して合計したものが(A)と合っていれば「月コマ数（補正）」に記入する（一致しないときは、英語や数学の月コマ数を増減させて合わせてから記入）。

	月コマ数
	12時間
	2
	2
	2
	2
	2
	2
	2
	3
	3
	5
	3
	3
	3
	5
1月 40　40　40　40　40　40　40	6

残り月数　**16**か月　　実質勉強時間　**1880**時間　　月コマ数合計(A)　**47**

① センター対策コマ　3月コマ／科目　×　**3**　＝　**9**　月コマ数(B)
　　　　　　　　　　　　　　　　　　　　　　↑センターのみで必要な科目数

② 個別試験対策コマ
　＊月コマ数合計(A)−センター対策コマ(B)　　**38**　月コマ数

■ 科目別・月コマ数　　47−9=38

受験科目	配点／満点	配点比率	月コマ数（均等）	月コマ数（補正）	確定コマ数
英語	150／400 →	37.50 % →	14.25 →	14	
数学	125／400 →	31.25 % →	11.88 →	12	
国語	125／400 →	31.25 % →	11.88 →	12	
	(配点÷満点)×100	配点比率×38 / 100	四捨五入		
センター	地理B	倫理・政経	生物基礎 化学基礎	9	
	選択科目を記入		合計	47	

個別試験の受験科目を記入

足して合計欄に記入

（注）神戸大経済は、理科の基礎科目を0.5として扱う→2科目合計で1科目。

(A)と一致しないときは英語や数学のコマを増減させて調整

[CHAPTER5] 志望校を突破する！　計画作成のノウハウ

TACTICS 48 現時点の実力と志望校の入試問題のレベルギャップを把握!

Strategic Planning

合格に必要な勉強量を見積もる

☑「勉強量」を決める2つの要素

　「時間」で計画の全体イメージを把握した後は、「量」の面から受験勉強の具体的な内容を詰めていく。志望校合格に必要な勉強の「量」を、使用する参考書の冊数で見積もるのだ。

　参考書の選択・配列のポイントは、**「現時点での実力」**（初期レベル）と**「志望校入試の難易度」**である。初期レベルに関しては、高2生なら英語と数学がわかればいい。

　教科書レベルの基本がきちんと身についていない人は、当然、やるべき勉強の量が増える。問題がむずかしい大学を志望するなら、やはり全体の勉強量は増える。

　初期レベルから志望校の合格最低点までのレベルギャップを測り、**もっとも効率よく合格ラインを突破する「量＝参考書プラン」を決定する**ことが、受験計画作成の最大のキモとなる。

　初期レベルに関しては、多くの人は模試や定期テストを基準に考えるかもしれない。たしかに参考にはなるが、教科書レベルやそれ以前の中学範囲の基礎学力を正確に測れない面がある。

　受験生を見ていると、初期レベルを無視して、入試レベルのむずかしい参考書をやりたがる傾向が強い。しかし、基礎学力につまずきがあると、「わからない・進まない・残らない」の三重苦で時間と労力をムダにする可能性が非常に高い。

☑ 広く情報を集めて判断する

　初期レベルの判定で意外に役立つのが教科書だ。数学でも英語でも、教科書レベルをクリアできているなら、いきなり入試レベルの参考書を使うことも不可能ではない。

　ただ、多くの受験生を見てきた経験から言うと、それなりの進学校でも、中学レベルの基礎に穴がある生徒が少なくない。自己判定は甘くなりがちなので、不安な人は、自分が考えているよりも1レベル下の参考書から始めるのが無難だろう。

　勉強量を規定するもう1つの要素、志望校の入試問題のレベルに関しても、入試難易度（偏差値ランキング）では判断できない。難関大学でも基本〜標準レベルの問題を中心に出題するところが少なくないし、逆に偏差値が低くても難問を出す大学がある。

　自分で判断できないときは、とりあえず赤本に載っている入試分析（難易度を含む）に頼る。志望校の入試問題を教師に見てもらい、どのくらいのレベルかを聞いてみるのもいい。

　受かった先輩からの情報も積極的に取り込もう。特に、**自分が志望する大学に受かった先輩の助言**は心強い。クラスの友人や同じ志望校を狙う仲間とも、積極的に情報交換をしたい。

　この段階では、初期レベルも志望校の問題レベルも、自分の感覚だけに頼らず、広く情報を集めて判断することが大切だ。

> ズバッと解決！

受験計画 FAQ

よくある質問⑧ 初期レベル編

Q 模試によって偏差値が違う

進研模試では英語と数学の偏差値は50台後半ですが、河合塾や駿台の模試では40台なので、自分の今の実力がよくわかりません。教科書レベルはクリアできているでしょうか？（高3）

A 模試はあくまで参考程度

偏差値は、学力を測るモノサシの1つにすぎない。複数の模試を受けてバラツキが出た場合、一般的には「低いほうの偏差値」を実力の目安にするほうが無難ではある。

ただ、偏差値が40台だったとしても、基礎学力のどのあたりに抜けがあるのかを詳しく知ることはできない。

厳密に初期レベルを測るには、最初に公立高校の過去問を解いて、中学範囲がどの程度身についているかを自己判定してみる。英語も数学も8割以上の得点率なら、ほぼ問題はないだろう。

高校初級範囲の基礎は、教科書を基準にするのが手堅い。現在高3生なら、高1と高2で使った教科書を引っ張り出し、英語ならスラスラ読めて意味が取れるかどうか、数学なら章末問題を自力で解けるかどうかで、かなり精度の高い判定ができる。

時間がかかって面倒だが、客観的に初期レベルを判定するにはこれが一番確実である。

Q　過去問に歯が立ちません

　志望校の過去問を解いてみたら、時間無制限で英語は30/100、数学は10/100の結果で歯が立ちません。解答・解説を見てもほとんど理解できません。何から手をつけていいのやら……。（高2）

A　まったく問題なし!

　高2の段階で過去問がバリバリ解けるようなら、もうほとんど仕上がっているも同然で、受験計画を立てる必要はないくらいだ。

　"志望校向きの学力"を測るには、模試よりも過去問のほうがはるかに信頼できる。したがって、英語や数学の基礎学力が身についていて、それなりのレベルに達している人には、初期レベルを判定するモノサシとして過去問を使ってみてほしい。

　ただ、過去問は模試と同様、中学範囲や教科書レベルの仕上がり具合を判定できないので、基礎学力がまだしっかりしていない人には、初期レベルの判定には向かない。

　それでも、過去問を解いたことはムダではない。「現時点からゴールまでの距離感」を肌で感じ取れるからだ。具体的に何が穴になっているか、どこが弱点なのかはわからなくても、"感覚的な距離感"で初期レベルを把握しておくことはとても大切だ。

　キミの場合、英語で30点取れているのはかなり立派だ。数学も解けなかったことより、今の時点で10点取れたことに目を向けよう。半年間頑張ってから、もう一度、今度は目標得点を設定して過去問を解いてみよう。過去問で点が取れることを目標にすると、自然に"志望校向きの実力"が培（つちか）われていく。

Strategic Planning

TACTICS 49 レベルギャップを埋めるための参考書を選択・配列する

「参考書コマ割表」の作成

☑ 参考書の使用期間を表に記入

　初期レベルと入試レベルを把握したら、レベルギャップを埋める参考書を選択して並べていく。これには巻末付録「和田式・参考書コマ割表」を使ってほしい。使用参考書を下段の表に記入し、それぞれの使用期間（月コマ）を上段に書き込む。その際、**その前に作成した「コマ割計画フレーム」の制約は無視していい。**

　次ページにサンプルを掲載する。参考書の選択・配列は初期レベルによって変わってくるが、この生徒の場合、以下の「自己申告」（高2の9月時点）をもとにプランニングした。

　「量」の見積もりでは合計58月コマとなり、当初想定した47月コマ（TACTICS46）を上回っている。初期レベルが低いのでこれは仕方がない。あとは、どう考えて調整するかだ。

＊自己申告

【英語】単語以外すべて苦手。定期試験は平均点前後、教科書訳の丸暗記で対応。全統高2模試（河合塾）偏差値50弱。

【数学】苦手。テスト対策は教科書傍用問題集の解答を暗記するが、内容は理解できず。全統高2模試の偏差値は45前後。

【国語】現代文は波が大きい。古典は苦手で英語同様に訳の暗記で対処している。全統高2模試の偏差値は50〜60。

図解 和田式・参考書コマ割表（サンプル）

❸「量」から求めた必要コマ数

■ 和田式・参考書コマ割表

神戸大学経済学部（前期）学科 [58] 月コマ

● 個別試験対策　　　　　　　　　　　　　　　　　　　10+16+16+16=58

❷参考書と使用期間(月コマ)を使用順に配列。

科目	月コマ数				5					10	コマ計
英語	①	②	③		④		⑤	⑥			
		⑦	⑧		⑨	過去問				→	16
数学		①			②			③			
			④		⑤	過去問				→	16
古文	①	②		③	④		⑤		国語		
漢文	①	②		③					過去問		
現代文	①		②						1月コマ分		16

合計する

● センター試験対策　　　8+3+4+1(過去問)

生物基	①					
地理B	②					
倫・政	④					
化学基	⑤					10

直前の実戦演習を3月コマ分（過去問＋予想問題集）

● 参考書正式名称　　　3+2+1+1+3(演習)

科目	参考書名	科目	参考書名
英語	①英文法ハイパートレーニング	古文	①望月光の古文教室・古典文法編(旺文社)[1]
	超基礎編(桐原書店)[1]		②ステップアップノート30古典文法基礎ドリル
	②大矢復 図解英語構文講義の実況中継		(河合出版)＋吉野式スーパー古文敬語
	(語学春秋社)[1]		完 バージョン(学研)[2]
	③入門英文問題精講(旺文社)[2]		③古文解釈トレーニング(開拓社)[1]
	④基礎英文解釈の技術100(桐原書店)[4]		④古文上達 読解と演習56(Z会出版)[2]
	⑤大学入試英語長文ハイパートレーニング		⑤得点奪取古文・記述対策(河合出版)[1]
	センターレベル編(桐原書店)[1]	サブ	⑥マドンナ古文単語230(学研)
	⑥パラグラフリーディングのストラテジー	漢文	①ステップアップノート10漢文
	読みか・解き方編/実戦編国公立大対策		句法ドリルと演習(河合出版)[1]
	(河合出版、シリーズの1と3)[2]		②センター漢文解法マニュアル(ブックマン社)[1]
	⑦やっておきたい英語長文500(河合出版)[1]		③得点奪取漢文・記述対策(河合出版)[1]
	⑧英作文ハイパートレーニング和文英訳編[2]	現代文	①現代文読解力の開発講座(駿台文庫)
	⑨同・自由英作文編(⑧⑨共に桐原書店)[1]		②得点奪取現代文・記述対策(河合出版)[1]
サブ	⑩英単語ターゲット1900(旺文社)	センター対策	①シグマ基本問題集生物基礎(文英堂)[1]
	⑪Next Stage 英文法・語法問題(桐原書店)		②短期攻略センター生物基礎(駿台文庫)[1]
数学	①元気が出る数学I・A/II/B(マセマ)[2]		③センター試験地理Bの点数が面白いほど
	②チャート式解法と演習数学I＋A(数研出版)[3]		とれる本(中経出版)＋坂本のスーパー暗記帖
	③同・II＋B [5] ②、③は通称「黄チャート」		ジオゴロ地理(学研)[2]
	④解決!センター数学I・A/II・B(Z会出版)[2]		④短期攻略センター倫理・政経(駿台文庫)[1]
	⑤文系数学・入試の核心(Z会出版)[2]		⑤短期攻略センター化学基礎(駿台文庫)[1]

❶科目別に参考書名と使用期間を記入する。使用期間は四角囲み数字で表す。
[1] 1月コマ　[2] 2月コマ

159

Strategic Planning

TACTICS 50 時間と量の折り合いをつけて計画フレームを最終確定!

コマ割計画フレームの最終調整

☑ 時間を確保できるなら量を優先!

「参考書コマ割表」と「コマ割計画フレーム」の月コマ数が違う場合、「量」の指標となる前者を重視して最終調整をする。

入試まで1年以上ある場合は、増えた分のコマを確保する"やりくり"もそれほど大変ではないだろう。

次ページのサンプルを見てほしい。当初の計画フレーム（もとは47月コマ）に11月コマ分を追加し、計58月コマに修正したものである。最初は「1日2コマ」で進める予定が、いきなり「1日3コマ」になってしまったが、物理的には十分に実行可能だ。

そもそも、現状の実力（158ページ参照。高2の9月時点で英、数の偏差値が50未満）から神戸大学を狙うことを考えると、当初の想定が甘かったと考えたほうがよさそうである。

入試まで1年を切ると、こうした時間確保が厳しいケースも出てくる。たとえば、すでに「1日4コマ（6時間）」で固めているところに1コマ、2コマを追加するのは、現役生にとっては物理的にほぼ無理だろう（学校で内職をしまくる手はある）。

これ以上勉強時間を増やせないとなれば、「参考書コマ割表」を根本的に見直す。志望校のランクを下げるのは簡単だが、それでは面白くない。**削れそうな参考書を外す、あるいは負担の少ない参考書に代える**など、知恵を絞って量的削減を試みよう。

図解 和田式・コマ割計画フレーム（修正後）

■ 和田式・コマ割計画フレーム

神戸 大学　経済 学部（前期）学科

コマ(90分)	1	2	3	4	5	6	7	8	月コマ数
時間	1.5	3	4.5	6	7.5	9	10.5	12時間	
9月	40	40	40	40	40	40	40	40	
10月	40	40	40	40	40	40	40	40	~~2~~ 3
11月	40	40	40	40	40	40	40	40	~~2~~ 3
12月	40	40	40	40	40	40	40		~~2~~ 3
1月	40	40	40	40	40	40	40		~~2~~ 3
2月	40	40	40	40	40	40	40		~~2~~ 3
3月	40	40	40	40	40	40	40		~~2~~ 3
4月	40	40	40	40	40	40	40		~~2~~ 3
5月	40	40	40	40	40				~~2~~ 3
6月	40	40	40						3
7月	40	40	40						3
8月	40	40	40	40	40				5
9月	40	40	40	40					~~3~~ 4
10月	40	40	40	40					~~3~~ 4
11月	40	40	40	40					~~3~~ 4
12月	40	40	40	40	40				5
1月	40	40	40	40	40	40			6

1日3コマ

修正後のフレーム。全部で11月コマ分を増やした（点線が修正前のフレーム）。

増やした分（+11）

赤字で月コマ数を修正

足していく

| 残り月数 | 16か月 | 実質勉強時間 | ~~1880~~ 2320 時間 | 月コマ数合計(A) | ~~47~~ 58 |

58×40＝2320

① センター対策コマ　　3月コマ／科目　×　3　＝　~~9~~ 10　月コマ数(B)
　　　　　　　　　　　　　　　　　　　↑センターのみで必要な科目数

② 個別試験対策コマ
　　＊月コマ数合計(A)－センター対策コマ(B)　　~~38~~ 48　月コマ数

参考書コマ割表（159ページ）をもとに修正する。

■ 科目別・月コマ数

受験科目	配点／満点	配点比率	月コマ数(均等)	月コマ数(補正)	確定コマ数
英語	150／400	37.50 %	14.25	14	16(+2)
数学	125／400	31.25 %	11.88	12	16(+4)
国語	125／400	31.25 %	11.88	12	16(+4)
センター	地理B	倫理・政経	生物基礎化学基礎	9	10(+1)
			合計	47	58(+11)

最終確定した科目別の月コマ数（カッコ内は増減）

Strategic Planning

TACTICS 51 最終確定した「参考書コマ割表」を計画表に落とし込む

オリジナル受験計画表の完成

☑ コマ割型の受験計画表に清書！

　最終的に参考書ラインナップが決まった時点で、受験計画はほぼ完成する。使用参考書と使用期間（月コマ単位）を記載した「参考書コマ割表」だけでも計画表の役割を果たすが、「どの科目をどの時期に取り組むか」が明確になっていない。

　そこで、巻末付録の「和田式・志望校突破プラン」を使ってほしい。完成版のサンプルを次ページに載せた。最終確定した「参考書コマ割表」（159ページ）と「コマ割計画フレーム」（161ページ）をもとにコマの配置を固めたものである。

　こうして見ると簡単にできそうだが、科目別のコマを配置する作業が意外にむずかしい。コマ配置の基本的なルールは、この後の《計画アプリ⑥》（164ページ）で説明するので、そちらも参考にしながら頑張って清書しよう。

　下段には、科目別の配点や目標得点、合格最低点などを記入する欄を設けてある。ここは、志望校の入試データをチェックしながら埋めていく。合格最低点は、とりあえず**過去3年分の平均値を記入し、目標得点はそれより10～30点上に設定**する。

　「戦術ポイント」には、計画全体を貫く自分なりの方針、考え方を、箇条書き程度でよいので記しておく。

　キミだけのオリジナル計画表が、これで完成した！

図解 和田式・志望校突破プラン

■ 和田式・志望校突破プラン

神戸大学 経済学部(前期)学科

コマ(90分)／時間	1	2	3	4	5	6	サブ
	1　2	3　4	5　6	7　8	9時間		
9月	英語	数学	国語				
10月	①ハイパー		①古文教室 古文	「参考書コマ割表」を見ながら、使用参考書名(番号と略称)を記入し、使用期間に応じて太線で囲ってブロック化していく。			⑥マドカ古単
11月	②図解英語	①元気	②ステップ30+敬語定				
12月	③入門精講						
1月			③古解トレ				
2月		②黄チャートⅠ+A	④古文上達				
3月	④基解術						⑩1900
4月			⑤得奪古文				
5月							
6月	⑤ハイ長文	②黄チャートⅡ+B	①ステップ10	漢文			
7月			②漢文M				
8月	⑤パラリー		③得奪漢文	セ・生物基礎①			
9月	⑥やって500	④解決！	①現代文開発講座	セ生物基礎②			
10月				セ地理③			⑪ネクステ
11月	⑦和文英訳	⑤文系核心	②得奪現代				⑫生物復習
12月	⑨自由英作			セ倫・政④ セ化学基礎⑤			
1月〜入試日	過去問	過去問	過去問	センター演習(過去問・予想問題集)			

■ 科目別目標得点

センター試験		科目	個別試験	
目標点	配点		目標点	配点
80	100	英語	110	150
60	75	数学ⅠAⅡB	70	125
60	75	国語	70	125
40	50	地理B		
30	50	倫理・政経		
15	25	生物基礎		
15	25	化学基礎		
300	400	合計	250	400

合格最低点　530/800
目標得点　550/800

● 戦術ポイント
・センターのみの科目の目標点を低めに
　→生物、化学、倫・政は6割、地理8割
　→学校のセンター演習授業を活用！
・2次試験重視(同志社経済を併願)
　→英語を伸ばす(勝負)
　→数学は標準レベルを確実にゲット！
　→古文・漢文重視

計画アプリ ⑥ 「和田式・志望校突破プラン」

合格の最短コースを示す受験計画表

特徴 自分だけのオリジナル受験計画表!

最終確定した「コマ割計画フレーム」と「参考書コマ割表」をもとに作成する、志望校突破のオリジナル受験計画表。入試までにやるべきことがひと目でわかる。

用意するもの

・巻末付録「和田式・志望校突破プラン」のコピー（A4判に拡大）
・蛍光ペンまたは色エンピツ

《コマ配置の原則》

❶ 入試まで1年以上ある場合、英語と数学を優先的に仕上げるように考えてコマを配置する。
❷ 1日に3科目以上を並行させるのは、高3の4月以降にする。
❸ 前半は1日2〜3コマのペースを固定し、後半から徐々にコマを増やして直前期をピークにする（台形型のフレーム）。
❹ 直前2週間〜1か月は実戦演習（過去問など）のコマを配置。

《コマ取りの基本ルール》

❶ 先行型の科目（英語、数学）からコマを確保する。
　＊途中でコマが途切れないようにする（どうしても途切れる場合は復習のコマを入れる）。
❷ 英語、数学のコマは、現在から入試日（下の方向）に向かってコマを確保し、収まらないコマは折り返して先頭から下に向けてコマ取りをする（右図の太い実線矢印の方向）。
❸ 国語は、英語と数学がある程度進んでから組み込む。

コマ(90分)	1	2	3	4	5	6
時間	1　2	3　4	5　6	7　8	9	
9月	英語		数学			
10月				10〜12月は「英語2コマ・数学1コマ」の計画になる。		
11月						
12月		↓				
1月				1〜3月は「英語1コマ・数学2コマ」の計画になる。		
2月						
3月			↓			
4月			国語			
5月				↓		
6月				理科		
7月				地歴		
8月				センター	↑	
9月						
10月						
11月						
12月	↓	↓	↓	↑		↑
1月〜入試日	実戦演習（過去問、予想問題集）					

下までコマがきたら、上に戻って折り返す。

下から上の方向にコマを取っていく。

❹ 理科や地歴、センター対策は、下から上にコマを取る（上図の太い点線矢印の方向）。

❺ コマ取りが終わったら、科目ごとに蛍光ペンでふち取りをして、各コマに参考書の略称を記入していく。

【注意】上記のルールは、あくまでもコマ取りの大まかな指針にすぎず、実際にはさまざまにアレンジしてかまわない。

[CHAPTER5] 志望校を突破する！ 計画作成のノウハウ

Strategic Planning

TACTICS 52 完成した計画表を教師や先輩にチェックしてもらおう！

計画表のブラッシュアップ

☑ 自己満足で終わらないために

　苦労して計画表を完成させると、大きな達成感を得られる。うれしくなって、誰かに見せたくなるだろう。

　これは非常にいいことだ。完成した計画表は、積極的に人に見せてほしい。ただし、計画表をほめてもらうためではない。

　計画作成に限らず、自分で考えて何かをするとき、一番大切なのは"ひとりよがり"にならないことである。スポーツの世界では、自己流の練習で変なクセがつかないように、最初は専属のコーチがついてトレーニング法を基礎から教える。

　受験勉強でも、こうした"コーチ役"が近くにいると心強い。まずは学校の教師の中で、信頼できそうな人に自分の計画を見せてアドバイスを求めてみよう。

　意見を求める相手は、かならずしもクラス担任や進路指導の先生である必要はない。受験指導に熱心で、入試問題や参考書をよく研究している教師が、どの学校にもかならずいる。

　普段からそういう教師に目をつけ、仲良くしておくことも、実は受験勉強の"テクニック"の1つだ。

　自分1人でできることには限界がある。それを打破して成長するために、**経験豊富な人の知恵を借りる**ことを覚えてほしい。大学生になってからも、社会人になってからもこれは同じだ。

☑ 有益な助言は積極的に取り込む

　アドバイスしてもらう教師がいない場合は、先輩やクラスの友人でもいい。部活でつながりがある先輩なら、気軽に相談できるはずだ。キミが志望する大学に受かった先輩、難関大学に受かった先輩にアポを取って、自分の計画表を見てもらおう。
　クラスの中では、勉強がよくできて参考書に詳しそうな人、同じ志望校を目指す友人に頼んでみるといい。
　第三者の目で客観的に計画表を見てもらうと、自分では気づかなかった問題点がいくつかは出てくるものだ。たとえば、同じようなレベル・内容の参考書が2冊並んでいたり、あるところで急にレベルの高い参考書が出現したり……。
　こうした不具合を修正すれば、よりクオリティの高い計画表にブラッシュアップできる。有益だと思った助言は、どんどん計画表に反映させていきたい。
　逆に、あまりピンとこない助言、どう考えても違うだろうというアドバイスは、とりあえず無視してもかまわない。もちろん、失礼のないように、聞くだけは聞いてきちんとお礼を言う。
　実は、本を読むときも同じことが言える。私がこの本で書いたことをすべて鵜呑みにするのではなく、**よいと思ったことだけを自分の計画や受験勉強に取り込む姿勢**で活用してほしい。

TACTICS 53 計画作成に時間がかかりすぎるなら1か月計画を軸に!

Strategic Planning

計画作成の費用対効果

☑ "計画マニア"にならない!

　ここまで見てきた受験計画の作成プロセスで、キミたちが一番悩みそうなのが「参考書の選択・配列」だろう。ここでは、それなりの知識とある程度のスキル（技術）が必要になる。

　自分でいろいろ調べながら「ああでもない、こうでもない」と悩んでいると、あっと言う間に1週間が過ぎてしまう。その間に学力が上がるわけではないので、明らかに費用対効果（つぎ込んだ時間に対して得られる効果）が悪い。

　この本の目的は、キミを"計画マニア"や"参考書オタク"にすることではない。情報不足で自信がない人は、いったん計画作成を棚上げして、「今やるべき勉強」に専念するほうが賢い。

　今の実力に見合った参考書を1冊見つけるくらいなら、それほどの時間はかからない。CHAPTER2で紹介した「1か月計画」なら、すぐにでも立てられるだろう。

　まずは1か月間、その計画に沿って淡々とノルマをこなす。その間に、勉強法の本を読んだり、書店の参考書コーナーに足を運んだりして、少しずつ参考書の知識を吸収していけばいい。

　受験勉強の経験値が上がり、**ある程度の実力がついてからのほうが、参考書の選択もより的確になる**。そうなってから計画作成に着手しても遅くはない。期が熟すまで待つのも賢明な策だ。

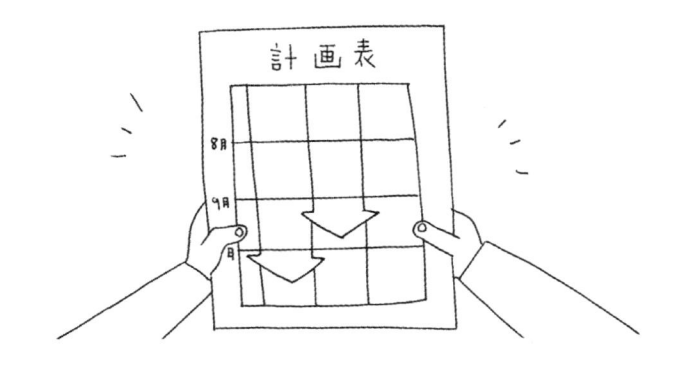

☑ 計画期間をすこしずつ伸ばす

　受験計画は、計画期間が長くなるほど立てにくい。先にサンプルとして示した「16か月計画」（高2の10月から）の場合、「参考書コマ割表」（TACTICS49）を見てもわかるように、使用する参考書はセンター試験対策用も含めて30冊以上になる。

　受験計画には修正がつきものだ。せっかく苦労して作った計画も、予定通り消化できなかったり、参考書が合わなかったりすると、また作り直さなければならなくなる。

　こうしたリスクを考えると、自信がない人は、先にお話ししたように「1か月計画」から始めよう。それをきちんと達成できたら、今度は「2か月計画」を立ててみる。それが終わったら、つぎは「3か月計画」にチャレンジする。

　こうして**少しずつ計画期間を伸ばしていくのも、現実的でムダが少ない**。高2生なら「高2の3月」までの計画をこの方法で立て、ノルマの達成率や定着率を見た上で高3からの計画を作成する。

　実際、緑鐵では、高1生や高2生に対しては、その学年が終わるまでの計画を提示し、スタートレベル判定テストで改めて実力をチェックしてからつぎの学年の計画を立てている。

　そのほうが現実的で、状況変化に柔軟に対応できるキメ細やかな計画になるからだ。

ズバッと解決!

受験計画 FAQ

よくある質問⑨ 参考書選択編

Q 参考書が多すぎて選べない!

　書店の参考書コーナーに行くと、たくさんありすぎて（特に英語）とても悩みます。有名で人気がある参考書や、ネットで評判の高いものを選ぶのが無難でしょうか。(高3)

A ある程度絞り込んでから書店で選ぶ

　書店に足を運び、実際に参考書を手に取ってみるのはとても大切なことである。ただ、さすがにすべての参考書に目を通すことはできない。キミが迷うのも無理はない。

　評判の参考書、売れている参考書は、人気があるだけの理由があり、内容的にはしっかりしていることが多い。あとは、キミのレベルに合うか、好みに合うかどうかだ。それらをクリアできていれば、たしかに"無難な1冊"になる。

　受験関連の掲示板やブログを参考にするのも悪くない。ただ、個人のブログは、その人の好みが反映されやすく、匿名の掲示板では人によって評価が極端に違うことも少なくない。中には出版社や著者のヤラセ、自作自演などが混じることもあるようだ。

　こうしたことに注意をした上で、ネットなどから自分に合いそうな参考書を絞り込んでおき、最終的には書店で実際に手に取ってみて気に入ったものを選ぶと、ハズレの確率は低くなるだろう。

Q 使用期間を判断できない

これから使う参考書を何冊か買ってきましたが、使用期間の設定がよくわかりません。本のカバーに「3週間完成」と書いてあるのは、その通りでかまいませんか？（高1）

A 見込みより余裕を持たせる

一般的には、レベルが高いほど、分量が多いほど、丁寧に理解して覚えることが多いほど、使用期間は長くなる。単純だが、分量（ページ数や章・課の数、文字量など）を見て、1回でどれくらい進めそうかの予測をもとに割り出せば、そう大きくは外れないだろう。

もっとも、これも1つの目安にすぎない。吸収すべき知識や情報量が多い参考書だと、1回通してやっただけでは定着しきれないことも少なくない（TACTICS33）。

細かいことを考えるとキリがないので、とりあえず分量を基準に、見込みを立てた期間の1.5〜2倍を考えておくといい（情報量が多いほど長く取る）。たとえば、「3週間完成」と書いてある参考書なら「復習込みで1か月〜1か月半」を予定しておく。

ちなみに、私が自著で参考書を紹介するときは、緑鐵受験指導ゼミナールに蓄積されている参考書分析データ（市販の参考書のほぼすべてを網羅）をもとに、原則「1コマ90分」の勉強時間で使用期間の目安を掲載しているので参考にしてほしい（ブックマン社刊『新・受験勉強入門《参考書マニュアル》』『センター試験突破マニュアル』『数学は暗記だ！』など）。

Strategic Planning

TACTICS 54 入試傾向に照準を合わせてムダのない参考書プランを構築！

私立3教科型の9か月計画

☑ プロが作った受験計画表に学ぶ！

　計画作成のスキルを上げるには、優れた計画表を見て学ぶのが手っ取り早い。さっそくだが、早稲田大学商学部志望の高3生の9か月計画を見てほしい（初期レベルは下の「自己申告」を参照）。「参考書コマ割表」と緑鐵で使用している計画表を掲載する。

　作成者は緑鐵の東大生講師で、実際に受かった受講生の計画表をリメイクしたものである。初期レベルを考えれば大逆転だ。

　徹底した入試分析から導く**志望校特化型の参考書選択**、時間不足のハンデをはね返す**効率的な得点戦術**など、私立専願の受験生が参考にしてほしいノウハウが盛り込まれている。

　"計画作成のプロ"が作った受験計画表をじっくり読み込んで、盗めるものはどんどん盗み取ってほしい。

＊自己申告

> 【英語】読解は感覚に頼るところがありやや苦手。文法は授業を真面目にやっていて普通。模試の偏差値は50〜55の間で上下。
> 【国語】現代文は得意でも不得意でもない。古文は文法や単語の基礎が不安。漢文は句法が未完成。偏差値は50台、ときに60も。
> 【日本史】教科書の太字はある程度覚えている。定期テスト対策をやっている範囲だと模試は55、ブランクがあると45〜50。

図解 和田式・参考書コマ割表（サンプル）

■ 和田式・参考書コマ割表　早稲田 大学　商 学部　学科 [29] 月コマ

● 個別試験対策

科目	月コマ数			5				10	コマ計
英語	①		②		③		④	過去問	8
サブ	⑤			⑥		⑦	復習		3.5
	①〜④がメイン。サブ⑤〜⑦はスキマ時間活用で1日45分程度								
古文	①		②		③	⑤	国語過去問 1月コマ分		
漢文	⑥								8
現代文	⑦		⑧						
	①を除く②〜⑧は1コマ45〜60分程度（国語全体で8月コマを予定）								
世界史	①		②		③		④		
	④	過去問	③、④は0.5コマ（45分）						9.5

● センター試験対策

● 参考書正式名称

科目	参考書名	科目	参考書名
英語	①入門英文解釈の技術70（桐原書店）[2]	漢文	⑥漢文早覚え速答法パワーアップ版（学研）[2]
	②合格へ導く英語長文Rise構文解釈	現代文	⑦必修編 現代文のトレーニング（Z会出版）[2]
	1.基礎〜難関編／2.難関〜最難関編		⑧入試現代文へのアクセス
	（Z会出版）[2]		発展編（河合出版）[2]
	③英語長文出題パターン演習1やや易〜標準	世界史	①詳説世界史ノート　世界史B（山川出版社）[2]
	／2標準〜やや難（河合出版）[2]		（山川の教科書を併用）
	④パラグラフリーディングのストラテジー		②世界史問題集完全版（東進ブックス）[3]
	実戦編私大対策（河合出版、シリーズの2）[1]		③攻略世界史　近・現代史（Z会出版）＋
（サブ）	⑤DUO3.0（ICP）[2]		段階式世界史論述のトレーニング（Z会出版）
	⑥パラグラフリーディングのストラテジー		③は2冊セットで
	読み方・解き方編（河合出版、シリーズの1）[2]		④世界史B一問一答完全版（東進ブックス）[3]
	⑦会話問題のストラテジー（河合出版）[1]		
古文	①基礎からのジャンプアップノート		
	古典文法・演習ドリル（旺文社）[1]		＊次ページの計画表に掲載する参考書名は、下線部を合わせた略称を使用している。
	②古文上達基礎編 読解と演習45（Z会出版）[2]		（例）入門英文解釈の技術70
	③ゴロゴタロウの2次&私大古語・用法・文法300		→「入解術」で表記
	（河合出版）[2]		
	④中堅私大古文演習（河合出版）[2]		
	⑤首都圏「難関」私大古文演習（河合出版）[1]		

[CHAPTER5] 志望校を突破する！　計画作成のノウハウ　173

図解 プロが作った受験計画表1

RT 年間受験計画表 早稲田大学 商学部

受験生クラス・5月会員
会員番号：
氏名：

志望校	回数	② 5〜6月	③ 6〜7月	④ 7〜8月	⑤ 8〜9月	⑥ 9〜10月	⑦ 10〜11月	⑧ 11〜12月	⑨ 12〜1月
科目\時期			入解釈	Rise解釈		パターン演習		ストラテジ2	過去問演習
英語		主語や述語動詞の把握〜後続する形の把握〜英文解釈の把握〜重要構文と、英文構造を正しく解釈する「入門技術」を習得。	扱える構文の数や難度を上積み、英文解釈の実地訓練を積み、本試験水準にまで高める。シリーズ②はUnit21で切り上げ予定。		文や文章の流れを大きく捉え、読む訓練を積み、答練・選択式・和訳説明・記述式も取り混ぜた演習で総合力を養成。		会話の頻出・論理的会話問題を解くコツの習得。	読解総合演習の仕上げに、答練を手際よく処理する感覚を掴む。	一度じっくり読解を手際よく処理する感覚を掴む。
サブ 空き時間利用1日45分目安		文法ドリル	DUO	速答法	ストラテジ1		会話スト		予備期間
		高校教科書レベルから本試験レベルまで、幅広い語彙力を例文暗唱形式で身につける。	句法の「問われるポイント」を押さえて暗記した後、簡単な問題演習で先に演習を仕上げる。	文や段落相互の意味的・論理的関係に則る大意把握法の理解。		会話の頻出表現の確認と、会話文問題を解く際のコツの習得。		作文等、必要に応じて追加。
国語 1コマ90分〜120分		文法ドリル	教科書＋参考書ノート	現ト必	古文上達基礎	中私演	難私演	過去問演習
		用言（とりわけ助動詞）や敬語法を中心に、読解に使える古文法をドリル形式で暗記。	論理展開を捉える「読み方」と設問即応の「解き方」の習得。	重要古語を成り立ち（原義や派生義）、問われ方を合わせ暗記。	簡単な問題演習で文法を復習しつつ、易しめの読解問題を素材に読解の仕方や感覚をも体得。	本格的に「解く」続いて、本試験のための緩やかな指針を習得。	大問は2題だが、小問数が多めで、記述もあるので、局所に時間をかけ過ぎないよう注意。	
			コゴ300			アクセス発		一答完
世界史		教科書＋詳説ノート				問題集完全（⑥では2コマ）	攻略近現＋論述ト（1・2章）	一答完	
		教科書&サブノートのセット、切りのいい範囲で教科書を通読→インプット、サブノートの「穴埋め+簡潔な文言読み」→教科書に戻って再確認、暗記、定着に有益だが、この段階では大文字から行っていた知識は教科書に戻っての定着と、教科書の文章の通読を重視。		問題演習で、問われる知識を通史の実践的に見ていく。解説も理解・定着に有益。忘れていた知識は教科書に戻って覚え直すように。		志望校の出題でも頻出・重要な一部他学部の近現代史で、論述の補強。	用語の網羅的な最終確認。★3つ、2つの用語は確実に押さえておくことを目標とする。

志望校分析＆計画のアウトライン

	センター試験		個別試験	
科目	目標点	配点	目標点	配点
英語			56	80
国語			36	60
世界史			36	60
合計			128	200

■全体

各科目、客観問題中心だが記述・論述が必ず混じるため、記述への目配りも必要。3教科ないし「各科目1ライン」を終始通すことが基本だが、配点が高く地力があれば80%をも超える得点率が狙える英語はサブラインを配し、夏にコマ数を増やして手厚く対処する。国語と世界史は難度変動がやや大きく「まず55％確保」を目標としておき、伸びしろの大きい世界史のほうが大きいと見込んで秋以降は世界史のコマ数を増やす。

■英語

近時は500語前後の読解5題（会話文1題含む）が並ぶ。独立した文法、作文、語句整合問題は内容説明や和訳、作文・語句整序を含む。読解総合問題は内容説明や非論旨の要素を含む。この形式的特徴もあってか英文そのものの難度が同水準大学のなかでは特に高いわりに受験者平均点が低め（50％を下回る）だが、配点が高いこともあり、特に得意ではないにしても65％以上は取りたい。

読解力のなかでも構文・文構造を正しく把握する（必要に応じて和訳する）力や様々な構文の意味を正しく対応できるかを養成するため、計画前半は文法や構文の理解を適用して正しく設問形式を含む幅広い設問形式に対する訓練、後半は記述を含む幅広い設問形式に対応する演習を行う。並行して読解の方法論の理解、会話文対応として学校の授業や演習時に課題を指定する文法や簡単な作文や読解の過去問演習をこと（必要があれば降に文や読解の過去問演習を活用すると）。文法や読解を含む授業や演習時に課題を指定する。

■国語

現代文と古典が約半々。漢文は小問3つ程度（配点6〜8点）のウェイト。現代文はテーマが多岐にわたって解答も明確にしやすい出題が多いが、論理性のある文章で解答の根拠も明確にしやすい出題が多い（逆に、1題くらいは根拠薄弱と思われる「難問」も含まれる）。漢字や指示内容把握など、序盤の基本的な問題を確実にゲットしたい。古文や漢文は文法・句法と語彙の知識を踏まえて文の主体や客体を正確に押さえる状態で口語訳が可能な目配に押さえ応可能な目配に押さえ、文脈を適切に押さえる必要があるので相応の手間暇を要する。

古文・漢文は問題文がやや長く概ね対応ウェイトと対策効率の関係から、古文の対策ウェイトをもっとも高くし、①文法・語彙知識の確認②基本的な読解訓練③実戦的な設問演習の順に手厚くステップアップ。漢文は句法確認をメインに短期に済ませる。現代文は論理的な読み方の確認と、文章のレヴェル慣れと記述を各2ヶ月で取り組むこと。漢字、語彙は夏休みと秋に分散させて各2ヶ月で取り組む。漢字、語彙は学校の授業時間を活用してほしい。

■世界史

近時はやや西洋（欧米）史寄りの出題。過半は教科書レヴェルの知識で対応できる出題が、西ヨーロッパ、アメリカ、中国といった主要地域の出題が中心。よって、いたずらに細かい知識に気を奪われないように。特に選択問題では教科書レヴェルを超える出題があるにせよ消去法で対応でき（またでは落とも構わない出題）、100字程度の論述問題の構成力も特段不要である。ただ、一部の問題の「知識」とは単語の多さに限らず、事物の発生の順序や前因－結果関係を含むので覚える際に注意。

ベースは教科書知識。ポイント通史含む通史的問題演習で「問われる知識」を確認していく。その後近現代の補強と、論述対策（ただし、深追いはしない）を終えてから過去問演習に入り、その傍らで用語知識を確認していく。

Strategic Planning

TACTICS 55
やるべきことをギリギリまで絞り込んで時間不足を解消!
国公立理系型の8か月計画

☑ ムダなことは一切やらない!

　難関大学理系学部を志望する人は、センター試験の5教科6〜7科目と理科2科目がかなりの負担となる。初期レベルが低く、残された時間も短いとなると、**徹底的にムダを省いてギリギリで合格最低点をクリアする**しかない。前項と同様「参考書コマ割表」と緑鐵の受験計画表を掲載するので見てほしい。

　高3の6月からの8か月計画で、下の「自己申告」を見ると厳しい感じがするだろう。実際、計画もかなりハードだが、理科2科目は基礎さえ確実に固まれば、そこから先は意外に速い。

　奇をてらわず、オーソドックスな戦術で効率よく積み上げるのが最善策であることを、プロの計画表からくみ取ってほしい。

＊自己申告

【英語】比較的得意なほうだが、記述がやや苦手。どちらかというとセンター型が得意。4月の記述模試で偏差値60程度。
【数学】学校の成績はよいが、定期テストが終わるとスッポリ抜けてしまう。模試は悲惨で、4月の記述模試で偏差値50程度。
【理科】学校の傍用問題集はしっかりやっている。出てきた問題によく似た問題なら解けるが、あまり似ていない問題は簡単な問題でも解けない。4月の記述模試では偏差値55程度。

図解 和田式・参考書コマ割表（サンプル）

■ 和田式・参考書コマ割表　名古屋大学　工学部物理工学学科　38 月コマ

● 個別試験対策

科目	月コマ数				5				10		コマ計
英語	①		②		③		④	過去問			8
数学	①			②			③		過去問		10
化学	①		②		過去問						6
物理	①+②				③+④	過去問					8

● センター試験対策

古典	①	②	③					
地理B	①				直前の実戦演習を2月コマ分（過去問＋予想問題集）			6

● 参考書正式名称

科目	参考書名	科目	参考書名
英語 E	①ポレポレ英文読解	化学 C	①化学[化学基礎・化学]
	プロセス50（代々木ライブラリー） [2]		基礎問題精講（旺文社）[2]
	②パラグラフリーディングのストラテジー		②化学重要問題集
	読み方・解き方編／実戦編国公立大対策		化学基礎・化学（数研出版）[3]
	（河合出版、シリーズの①と③）[2]	物理 B	①物理のエッセンス　力学・波動（河合出版）
	③英作文ハイパートレーニング		②同・熱・電磁気・原子（河合出版）
	和文英訳編（桐原書店）[2]		①+②合わせて [5] →略称は「BES」
	④やっておきたい英語長文500（河合出版）[1]		③名問の森物理　力学・熱・波動I（河合出版）
サブ	⑤DUO3.0（ICP）		④同・波動II・電磁気・原子（河合出版）
	⑥Next Stage英文法・語法問題（桐原書店）		③+④合わせて [7]
	→略称「ネクステ」	古典 L	①古文ヤマのヤマ（学研）[1]
数学 M	①元気が出る数学I・A／II・B／III（マセマ）		②ステップアップノート10漢文
	＋文系・センター対策数学IIIAB入試必携168		句法ドリルと演習（河合出版）[1]
	（数研出版）　①はセットで [4]		③三羽のセンター古文・漢文
	②チャート式基礎からの数学III（数研出版）[3]		これだけ！（東進ブックス）
	→略称「青III」	サブ	④マドンナ古文単語230（学研）
	③解決！センター数学I・A／II・B（Z会出版）	地理B G	⑤センター試験地理Bの点数が面白いほど
	＋理系数学入試の核心・標準編（Z会出版）		とれる本（中経出版）[1]
	③はセットで [2]		

＊わかりにくい略称は適宜補足してある。（例）物理の①②→「BES」
　次ページ計画表には略称の頭に科目を表す記号（E、Mなど）がつく。

[CHAPTER5] 志望校を突破する！　計画作成のノウハウ　177

図解 プロが作った受験計画表2

RT 年間受験計画表

志望校：名古屋大学工学部物理工学科

受験生クラス・6月会員
会員番号： ―
氏名：

回数	時期＼科目	英語	数学	物理	化学	国語・地理＊	サブ教材
②	6～7月	Ｅ ポレポレ 文法に則って文構造を分析することで英文の内容を正確に把握する訓練。	Ｍ 元気＋Ｍ 必携 基本の考え方と必須典型解法を理解しながら覚える（1日2コマ×2か月）。	ＢＥＳ 物理の全単元について、基本的な解法を学ぶ。苦手な問題は10回でも20回でも繰り返して完璧に定着させる。	この期間は数学に大きく時間を割くため、化学の課題は設定しない。学校の勉強で充分だ。	この期間は学校の勉強で充分。	ＥＤＵＯ 英単語・熟語を集中的に暗記する。実践的な例文は英作文に使える表現を学ぶのにも役立つ。移動中等に。
③	7～8月					Ｌ古ヤマ＋Ｌ10 古典分野の基礎。	
④	8～9月	Ｅ パラリ 長文の内容・論理展開を素早く正確に掴む技術を学び、演習を通して定着させる。	Ｍ 青Ⅲ 頻出の数学Ⅲは手厚く数多の典型解法を押さえる。学校の授業で触れた内容を更に深め、定着させていく。	入試レベルの一歩手前レベルの問題を解く。物理の問題は、この参考書で学んだ解法を組み合わせれば解ける、という状態を目指す。	Ｃ 基礎精講 入試レベルの一歩手前レベルの問題を解く。詳しい解説が魅力の1冊。	夏休みに古典分野の基本事項を暗記し、2学期に触れての復習をする。地理は直前期に集中特訓。	Ｌネクステ センター対策のサブ教材。英文法・語法演習を行うことで知識を増強する傍ら、最低限必要な古文単語を覚える。本番まで何度でも繰り返して知識の定着を限りなく完璧に近づけよう。
⑤	9～10月						
⑥	10～11月	Ｅ 和文英訳 和文英訳の方法論と便利な典型表現を学び、実戦演習を通して定着。	Ｍ 解決＋Ｍ 核心 センター対策と数学Ｂまでの解法補充を行いつつ 2次形式演習を行う。	Ｂ 名問 学んだ解法を入試レベルの問題にあらゆる切り口に対応できる力を養う。	Ｃ 化学重要 雑多な入試形式の問題を数多く解く。問題数を踏み、場数切りりを通じ、あらゆる切り口に対応できる力を養う。	Ｇ 面白 センター対策法。	
⑦	11～12月						
⑧	12～1月	Ｅ やって 500 長文読解演習。				Ｌ古漢これ センター対策法。	
⑨	1月～ 入試日＊＊	過去問 センター前はセンターの、2次前は2次の過去問演習。適宜参考書の復習も行い、弱点を補強する。					

（注）＊センター対策は計画表に入れず、マニュアルを配付して担任講師と相談しながら進める。＊＊通常は計画表に入れず、最終回に講師から直接指示が出る。

志望校分析&計画のアウトライン

科目	センター試験 目標点	センター試験 配点	個別試験 目標点	個別試験 配点
英語	90	100	160	300
数学	90	100	260	500
国語	140	200	-	-
物理	45	50	170	250
化学	45	50	170	250
地理	70	100	-	-
合計	480	600	770	1300

■全体

残り時間の割にやるべきことが多く日本語での記述問題を多く含む長文読解問題、和文英訳問題から成る。長文読解は英文和訳を主軸にしたセンター対策で対応できる。十分な過去問演習で文脈を拾いて文法事項・文構造に配慮した訳でポイントを手堅く拾いたい。記述問題が多いため、細かな減点があることを見込んでおくのが無難。高得点狙いは危険だろう。英文内容把握技術の向上も目指すが、全体的に「手堅く標点ポイントを拾う」を意識した計画。目標点を大きく上回る得点も見込めるが、そうでなくとも機能すれば目標点はクリア可能な計画である。

■数学

数学Ⅲ範囲及び数列、単位融合問題も目にする。確率が頻出。数学Ⅲを中心に典型解法を網羅的に習得し、それらを組み合わせて問題を解く力が求められる。解法をそのまま使える問題はほぼないが、「いかに解答の糸口を探り、方針を立てるか」を意識していれば、演習期間は短くても対処可能。計画では「理解し直す」「典型解法を拾い直す」がメーン。センター対策は数学Bまでは数学Ⅲ対策の一部となる手法を多く含む。「手順を覚えるに留まらず、解法の意図を理解することが必須。最初の2ヶ月が勝負だ。

■物理

力学と電磁気は必出。B名問に標準的な問題構成だが、最後の小問はやや骨がある。典型的な手法・解法をいかに組み合わせるかがポイント。説明問題や見慣れない設定の問題も混じることがあるため、手順のみの丸暗記では対応不可。式を日本語で説明する習慣をつけることが必須。BESをいかに理解できるかがポイント。試験時間は化学と合わせて150分だが、60分以内に解き終えて化学に時間を回せると理想的。

■化学

どの分野もリードがやや長く、内容も受験生には見慣れないものを混じることがある。説明問題等の骨のある問題も言える。基本問題も混じるが、説明問題等の骨のある問題ある。特に有機化学は煩雑な問題があるため、基本~典型問題を素早く処理する練習が必須。説明問題も見越して解説の詳しい問題集で原理原則に立ち入る理解を目指し、処理能力向上の為に化学重要での雑多な演習を行う計画だ。

■国語・地理

国語は対策量と点数の相関が強い古典に集中。文章読解の道具であり、直接問われることもある古典文法・漢文句法は夏休み前に特訓。典型的な解法はセンターに特化して過去問で慣らせば7割方見えてくる。地理はセンターに特化して考え方と頻出の知識をG面白で押さえたら過去問へ。コツを押さえれば解けるタイプの問題を攻略し、7割を手堅く押さえる。

巻末付録

和田式・
受験計画アプリ

計画アプリを拡大コピー（141％推奨）して使ってみよう。
なお、ブックマン社HPからもダウンロードできます。
http://bookman.co.jp/news/juken

■ 和田式・簡単付せん計画表　Simple daily schedule

	📝 今日のノルマ	😊 finished task	😵 unfinished task
1			
2			
3			
4			
5			

------- キリトリ線 -------

／月　勉強履歴

（　）	（　）
（　）	（　）
（　）	（　）
（　）	MEMO

■ 和田式・お試し3日間計画表　Trial Schedule for 3 days

課題(テキスト)	進む範囲(3日分)	1日あたりの分量(目安)

■ 3日間のノルマ

	1日目(　　/　　)	2日目(　　/　　)	3日目(　　/　　)
1			
2			
3			
4			
5			

■ 和田式・段階的目標設定シート

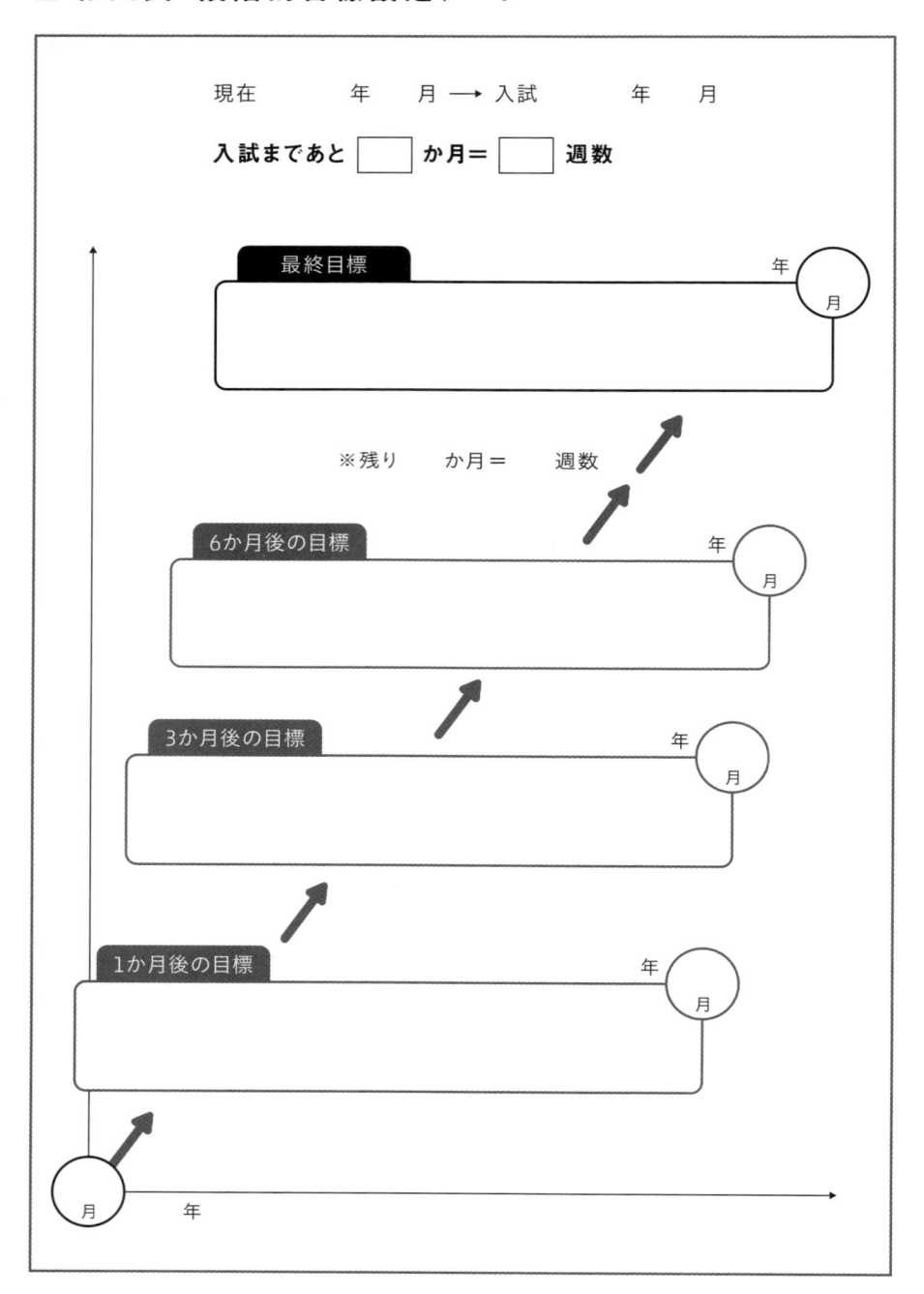

現在　　年　　月　→　入試　　年　　月

入試まであと ☐ **か月＝** ☐ **週数**

最終目標　　　　　　　　　　　　　　　　　年　月

※残り　　か月＝　　週数

6か月後の目標　　　　　　　　　　　　　　年　月

3か月後の目標　　　　　　　　　　　　　　年　月

1か月後の目標　　　　　　　　　　　　　　年　月

月　　年

■ 和田式・月間計画表

／月　テーマ　　　入試まで残り　　週数

科目	テキスト	M/S	月間ノルマ	週間ノルマ	達成率

■ 週間ノルマ予定表

週(T/N/L)	課題(M/S)	月	火	水	木	金	土	日	メモ
1週目＿＿ ／　～　（　） ／　　　（　）									
2週目＿＿ ／　～　（　） ／　　　（　）									
3週目＿＿ ／　～　（　） ／　　　（　）									
4週目＿＿ ／　～　（　） ／　　　（　）									
予備日＿＿ ／（　）～／（　）		反省と 修正点							

■ 和田式・週間計画表

　／月　　日～　　日　　　週目－

テキスト	メイン				サブ		
週間ノルマ							
／　（　）今日の達成率							
／　（　）今日の達成率							
／　（　）今日の達成率							
／　（　）今日の達成率							
／　（　）今日の達成率							
／　（　）今日の達成率							
／　（　）今日の達成率							

0　20　40　60　80　100%

今週の達成率

勉強法フローチャート

necessary time

1. _____ 分
   CHECK ☐ _____
         ☐
2. _____ 分
   CHECK ☐ _____
         ☐
3. _____ 分
   CHECK ☐ _____
         ☐
4. _____ 分
   CHECK ☐ _____
         ☐
5. _____ 分
   CHECK ☐ _____
         ☐

勉強法フローチャート

necessary time

1. _____ 分
   CHECK ☐ _____
         ☐
2. _____ 分
   CHECK ☐ _____
         ☐
3. _____ 分
   CHECK ☐ _____
         ☐
4. _____ 分
   CHECK ☐ _____
         ☐
5. _____ 分
   CHECK ☐ _____
         ☐

■ 和田式・コマ割計画フレーム

大学　　　学部　　　学科

コマ (90分)	1	2	3	4	5	6	7	8	月コマ数
時間	1.5	3	4.5	6	7.5	9	10.5	12時間	
9月	40	40	40	40	40	40	40	40	
10月	40	40	40	40	40	40	40	40	
11月	40	40	40	40	40	40	40	40	
12月	40	40	40	40	40	40	40	40	
1月	40	40	40	40	40	40	40	40	
2月	40	40	40	40	40	40	40	40	
3月	40	40	40	40	40	40	40	40	
4月	40	40	40	40	40	40	40	40	
5月	40	40	40	40	40	40	40	40	
6月	40	40	40	40	40	40	40	40	
7月	40	40	40	40	40	40	40	40	
8月	40	40	40	40	40	40	40	40	
9月	40	40	40	40	40	40	40	40	
10月	40	40	40	40	40	40	40	40	
11月	40	40	40	40	40	40	40	40	
12月	40	40	40	40	40	40	40	40	
1月	40	40	40	40	40	40	40	40	
残り月数		か月	実質勉強時間			時間	月コマ数 合計(A)		

① センター対策コマ　　3月コマ／科目　×　□　=　□　月コマ数(B)
↑センターのみで必要な科目数

② 個別試験対策コマ
＊月コマ数合計(A)ーセンター対策コマ(B)　□　月コマ数

■ 科目別・月コマ数

受験科目	配点／満点	配点比率	月コマ数(均等)	月コマ数(補正)	確定コマ数
	／	%			
	／	%			
	／	%			
センター					
			合計		

■ 和田式・参考書コマ割表

大学　　学部　　学科　□月コマ

● 個別試験対策

科目	月コマ数　　　　5　　　　　　　10	コマ計

● センター試験対策

● 参考書正式名称

科目	参考書名	科目	参考書名

■ 和田式・志望校突破プラン

　　　　　　　　　　　　　　　　　　大学　　　学部　　　学科

コマ(90分)	1	2	3	4	5	6	サブ
時間	1　2	3　4	5　6	7　8	9時間		
9月							
10月							
11月							
12月							
1月							
2月							
3月							
4月							
5月							
6月							
7月							
8月							
9月							
10月							
11月							
12月							
1月〜入試日							

■ 科目別目標得点

センター試験		科目	個別試験	
目標点	配点		目標点	配点

合格最低点　
目標得点　

● 戦術ポイント

緑鐵受験指導ゼミナールに関するお問い合わせは、下記住所に郵送してください。

緑鐵舎 通信指導部
〒113-8691　東京都文京区本郷郵便局私書箱39号

緑鐵受験指導ゼミナール　http://www.ryokutetsu.net/
和田秀樹主催「学力向上セミナー」　http://www.wadajyuku.jp/

書名中「超明解」は㈱三省堂の登録商標で、許諾を得て使用しています。

超明解！合格NAVIシリーズ

受験計画の立て方

2015年5月 9 日　初版第1刷発行
2022年4月15日　初版第5刷発行

著者	和田秀樹
ブックデザイン	小口翔平＋平山みな美 (tobufune)
イラスト	須山奈津希
DTP	明昌堂
編集	山口美生
発行者	木谷仁哉
発行所	株式会社ブックマン社
	〒101-0065　東京都千代田区西神田3-3-5
	営業部 03-3237-7777　編集部 03-3237-7784
	http://bookman.co.jp
印刷	誠宏印刷株式会社

ISBN978-4-89308-841-3

定価はカバーに表示してあります。
許可なく複写・転載すること及び部分的にもコピーすることを禁じます（巻末付録は除く）。
乱丁、落丁本はお取り替えいたします。

Printed in Japan
©2015 Hideki Wada, BOOKMAN-Sha